DAVID GILMOUR

Né à London (Ontario), en 1949, David Gilmour vit à Toronto. Il étudie en français et en littérature comparée avant de se faire connaître au Canada anglais comme critique de film et animateur d'une émission culturelle à CBC. Il est l'auteur de six romans qui ont reçu les éloges de lecteurs aussi différents que William Burroughs et Northrop Frye, ainsi que de publications allant du *New York Times* au *People Magazine*. *Une nuit rêvée pour aller en Chine*, paru chez Leméac en 2007, a remporté dans son édition originale canadienne-anglaise le Prix du Gouverneur général. *The Film Club* (*L'école des films*, au Québec) a été traduit dans plus de vingt langues.

L'ÉCOLE DES FILMS

Quand son fils Jesse atteint l'adolescence, l'école semble lui être une telle torture que son père, David Gilmour, l'autorise à décrocher. C'est lui, l'ancien critique de cinéma, qui fera désormais son éducation en lui présentant trois films par semaine à la maison. En même temps que Jesse, le lecteur a donc droit à une superbe leçon de cinéma à travers Truffaut, Woody Allen, Eastwood, Brando, de même que des films réputés pour être exemplairement mauvais. Mais l'éducation de Jesse se fait aussi dans un domaine d'où le père est presque exclu : l'amour. Le fils poursuit son éducation sentimentale sous les yeux inquiets du père qui voudrait lui épargner ces blessures pourtant nécessaires.

D1205636

L'ÉCOLE DES FILMS

David Gilmour

L'école des films

récit

traduit de l'anglais (Canada)
par Sophie Cardinal-Corriveau

BIBLIOTHÈQUE QUÉBÉCOISE

BQ BIBLIOTHÈQUE QUÉBÉCOISE est une société d'édition administrée conjointement par les Éditions Hurtubise inc. et Leméac Éditeur. BQ reconnaît l'aide financière du gouvernement du Canada par l'entremise du Fonds du livre du Canada pour ses activités d'édition et remercie le Conseil des Arts du Canada, la Société de développement des entreprises culturelles du Québec (SODEC) et le Programme de crédit d'impôt pour l'édition de livres du Québec (Gestion SODEC) du soutien accordé à son programme de publication.

Conception graphique : Gianni Caccia
Typographie et montage : Compomagny

Titre original : *Film Club*
Éditeur original : Thomas Allen Publishers, 2007
© David Gilmour, 2008

ISBN 978-2-89406-325-5

Dépôt légal : 4ᵉ trimestre 2011
Bibliothèque nationale du Québec

Pour la traduction française au Canada :
© Leméac Éditeur, 2010
© Bibliothèque québécoise, 2011, pour la présente édition

IMPRIMÉ AU CANADA

À Patrick Crean

Mais, à la verité, je n'y entens sinon cela, que la plus grande difficulté et importante de l'humaine science semble estre en cet endroit où il se traite de la nourriture et institution des enfans.

Michel de Montaigne (1533-1592).

1

J'ÉTAIS ARRÊTÉ À UN FEU ROUGE l'autre jour quand j'ai vu mon fils sortir d'un cinéma. Il était avec sa nouvelle copine. Elle tenait doucement l'extrémité de la manche de son manteau et lui murmurait quelque chose à l'oreille. Je n'ai pas aperçu le titre du film qu'ils venaient de voir – la marquise était cachée par un arbre tout en fleurs –, mais soudain je me suis rappelé, dans une bouffée de nostalgie quasi douloureuse, ces trois années que lui et moi avons passées, juste nous deux, à regarder des films, à parler sur la véranda, des heures magiques auxquelles un père a rarement droit, si tard dans la vie de son adolescent. Je ne le vois plus aussi souvent qu'avant (comme il se doit), mais ç'a été une époque magnifique. Un coup de chance pour nous deux.

———————

Adolescent, je croyais qu'il existait un endroit pour les mauvais garçons qui décrochaient de l'école. C'était quelque part aux confins de la Terre, une espèce de cimetière d'éléphants, mais rempli, celui-là, des os blancs et délicats de petits garçons. Je suis convaincu que c'est pourquoi, jusqu'à ce jour, je fais encore des cauchemars où j'étudie pour un examen de physique, où je parcours page après page mon manuel – vecteurs, paraboles –, mes soucis s'amplifiant parce que *je n'avais jamais rien vu de tout ça avant!*

Trente-cinq ans plus tard, quand les notes de mon fils se sont mises à chanceler en neuvième année puis à piquer du nez en dixième, j'ai ressenti une sorte de double horreur, d'abord à cause de ce qui se passait réellement, puis en souvenir de cette sensation, toujours très vivante dans mon corps. Mon ex-femme et moi avons échangé nos domiciles («Il a besoin de vivre avec un homme», avait-elle dit). J'ai emménagé dans sa maison, elle dans mon loft trop petit pour accueillir de façon permanente un adolescent de six pieds quatre pouces qui marche du talon. Ainsi, me disais-je, ce serait *moi*, et non plus elle, qui ferait ses devoirs à sa place.

Mais ça n'a pas aidé. Tous les soirs, à la question «C'est tout ce que tu as à faire pour demain?», mon fils, Jesse, tout content, répondait: «Totalement!» Cet été-là, quand il est allé passer une semaine chez sa mère, j'ai trouvé une centaine de devoirs à faire, fourrés dans toutes les cachettes possibles et imaginables de sa chambre. L'école, en un mot, était en train de faire de lui un menteur qui allait nous filer entre les doigts.

Nous l'avons envoyé dans une école privée; certains matins, une secrétaire embarrassée nous appelait. «Où est-il?» Plus tard dans l'après-midi, mon fils dégingandé apparaissait sur la véranda. Où était-il passé? À un concours de rap dans un centre commercial de la banlieue ou dans un autre endroit moins pittoresque, mais pas à l'école. Nous l'engueulions, il s'excusait solennellement, se tenait tranquille pendant quelques jours, puis tout recommençait.

C'était un garçon d'un naturel doux, très fier, incapable de faire la moindre chose qui ne l'intéressait pas, peu importe combien les conséquences pouvaient l'angoisser. Et elles l'angoissaient. Beaucoup. Ses bulletins de notes étaient consternants, sauf pour les commentaires. Les gens l'aimaient, toutes sortes de gens, même le policier qui l'avait arrêté pour avoir peint à l'aérosol les murs de sa petite école. (Des voisins, incrédules, l'avaient reconnu.) Quand l'agent l'avait déposé à la maison, il lui avait dit : «Si j'étais toi, Jesse, je laisserais faire ça, la vie de criminel, t'es pas fait pour ça.»

Finalement, un après-midi où je l'aidais avec son latin, j'ai remarqué qu'il n'avait ni notes, ni manuel, ni rien, juste un bout de papier tout froissé avec quelques phrases à traduire à propos de consuls romains. Je le vois encore, assis tête baissée de l'autre côté de la table de cuisine, un garçon au visage éternellement pâle sur lequel on pouvait déceler l'arrivée du plus petit tracas avec la clarté d'une porte qui claque. C'était un dimanche, un de ceux qu'on déteste quand on est adolescent, la fin de semaine pratiquement terminée, les devoirs encore à faire, la ville aussi grise que l'océan par une journée sans soleil. Des feuilles humides dans les rues, lundi qui se devine dans le brouillard.

Au bout d'un instant j'ai demandé : «Où sont tes notes, Jesse?»

— Je les ai laissées à l'école.

Il était doué pour les langues, comprenait leur logique interne, avait l'oreille d'un acteur – tout ceci aurait dû être un jeu d'enfant –, mais en le regardant feuilleter son manuel, je voyais bien qu'il ne savait rien de rien.

J'ai dit : « Je comprends pas pourquoi t'as pas apporté tes notes à la maison. Ça rend les choses pas mal compliquées. »

Il a détecté l'impatience dans ma voix ; ça l'a rendu nerveux, ce qui m'a, à mon tour, rendu vaguement nauséeux. Il avait peur de moi. Je détestais ça. Je n'ai jamais su si c'était un truc typiquement père-fils ou bien si moi, en particulier, avec mon irascibilité, mon impatience héréditaire, j'étais la source de son anxiété. « Laisse faire, ai-je dit. On va bien s'amuser quand même. J'adore le latin. »

« Vraiment ? » a-t-il demandé avec enthousiasme (trop heureux de changer de sujet). Je l'ai regardé travailler un moment : ses doigts tachés de nicotine entortillés autour de son stylo, sa mauvaise main d'écriture.

— P'pa, comment on fait exactement pour enlever une Sabine ?

— Je te dirai ça une autre fois.

Pause. « C'est quoi, "casque", un verbe ? »

Et ç'a continué comme ça, encore et encore, les ombres de l'après-midi s'étirant sur le carrelage de la cuisine, l'efface du crayon rebondissant sur la nappe de vinyle. Lentement, j'ai pris conscience d'une sorte de bourdonnement dans la pièce. Ça venait d'où ? De lui ? Mais c'était quoi ? Mes yeux se sont posés sur lui. C'était une sorte d'ennui, oui, mais un ennui d'une espèce rare, une exquise conviction, quasi intrinsèque, de l'insignifiance de l'entreprise. Et pour une raison ou une autre, pendant ces quelques secondes, j'étais en train de la ressentir comme si elle se produisait *dans mon propre corps.*

Ah, je me suis dit, c'est donc comme ça qu'il passe à travers une journée d'école. Et contre *ça*, on ne peut pas gagner. Soudain, d'une façon aussi incontestable que le bruit d'une vitre qui se casse, j'ai compris que nous avions perdu la bataille de l'école.

Au même instant, j'ai su tout de suite, jusque dans le noyau de mes cellules, que j'allais le perdre à cause de tout ça, qu'un jour il allait se dresser au bout de la table et dire : «Tu veux savoir où sont mes notes ? Dans mon cul ! Et si tu me fous pas la paix avec ça, c'est toi qui les auras dans le cul !» Et puis il serait parti, bang, et tout serait fini.

«Jesse», ai-je dit doucement. Il savait que je le regardais et ça le rendait anxieux, comme s'il était à la veille de se faire engueuler (encore), et cette activité, de feuilleter les pages de son manuel frénétiquement, lui permettait de détourner cette anxiété.

— Jesse, pose ton stylo. Arrête une seconde, s'il te plaît.

— Quoi ?

Il est si pâle, ai-je pensé. Ces cigarettes sont en train de lui sucer toute sa vitalité.

— Je veux que tu fasses quelque chose pour moi. Je veux que tu réfléchisses à savoir si oui ou non tu veux continuer d'aller à l'école.

— Papa, mes notes sont à mon…

— Laisse faire les notes. Je veux que tu réfléchisses à savoir si oui ou non tu veux continuer d'aller à l'école.

— Pourquoi ?

Je pouvais sentir mon pouls s'accélérer, le sang me monter au visage. J'étais en terre inconnue, un endroit que je n'avais même jamais imaginé. «Parce que si tu veux plus, c'est bon.»

— Qu'est-ce qui est bon?

Mais dis-le, crache le morceau.

— Si tu veux plus aller à l'école, t'as plus à y aller.

Il s'est éclairci la gorge. «Tu vas me laisser lâcher l'école?»

— Si tu veux. Mais je t'en prie, prends quelques jours pour y penser. C'est une décision monu…

Il a bondi sur ses pieds. Il bondissait toujours sur ses pieds quand il était excité; ses grandes jambes ne pouvaient supporter l'agitation qu'il y a à rester assis sans bouger. Inclinant sa silhouette au-dessus de la table, il a baissé la voix comme s'il avait peur d'être entendu par quelqu'un d'autre. «J'ai pas besoin de quelques jours.»

— Prends-les quand même. J'insiste.

Plus tard ce soir-là, je me suis préparé en buvant quelques verres de vin, puis j'ai appelé sa mère qui habitait dans mon loft (c'était dans une ancienne usine de bonbons) pour lui apprendre la nouvelle. C'est une adorable actrice efflanquée, la femme la plus gentille que j'aie connue. Entre nous, c'est une actrice anti-actrice. Mais avec une impressionnante tendance catastrophiste qui a fait qu'en moins de quelques minutes elle le voyait déjà en train de vivre dans une boîte en carton à Los Angeles.

— Crois-tu que c'est parce qu'il manque d'estime de soi?

— Non, ai-je dit, je crois que c'est parce qu'il déteste l'école.

— Il y a sûrement quelque chose qui cloche avec lui s'il déteste l'école.

— Moi aussi, je détestais l'école.

— Il tient peut-être ça de toi.

On a continué sur cette veine un moment, jusqu'à ce qu'elle fonde en larmes et que moi je débite des généralisations hâtives, à l'emporte-pièce, dont le Che aurait été fier.

— Il faut qu'il se trouve du travail, alors, a dit Maggie.

— Crois-tu que c'est une bonne idée de remplacer une activité qu'il exècre par une autre?

— Qu'est-ce qu'il va faire alors?

— Je sais pas.

— Il pourrait peut-être faire du bénévolat, a-t-elle reniflé.

Je me suis réveillé au beau milieu de la nuit, ma femme, Tina, s'agitant à côté de moi, et j'ai fait quelques pas vers la fenêtre. La lune était suspendue dans le ciel, excessivement basse. Elle avait perdu son chemin et attendait qu'on la rappelle chez elle. Et si je me trompais? me suis-je dit. Et si j'étais en train de jouer au père cool aux dépens de mon fils et de le laisser gâcher sa vie?

C'est vrai, j'ai pensé. Il faut qu'il s'occupe. Mais comment? Qu'est-ce que je peux lui faire faire qui ne soit pas une répétition de sa débâcle scolaire? Il ne lit pas; il déteste les sports. Qu'aime-t-il faire? Il aime regarder des films. Moi aussi, j'aime regarder des films. Même que, pendant quelques années, fin trentaine, je m'étais assez bien débrouillé en tant que critique de cinéma pour une émission de télé. Qu'est-ce qu'on pouvait faire avec ça?

Trois jours plus tard, il se pointait pour un souper au Paradis, un restaurant français avec nappes blanches et argenterie massive. Il m'attendait dehors, assis sur une balustrade de pierre à fumer une cigarette. Il n'aimait pas être assis seul au restaurant. Ça le mettait mal à l'aise, tous ces gens le considérant comme un loser sans amis.

Je l'ai serré dans mes bras, je pouvais sentir la force dans son jeune corps, sa vitalité. «Allons commander le vin puis on aura une petite discussion.»

Nous sommes entrés. Des poignées de mains. Des rituels d'adultes qui le flattaient. Même une blague entre lui et le barman, à propos du personnage de John-Boy dans la série *The Waltons*. Nous nous sommes assis, dans un silence un peu agité, nous avons attendu le serveur. Nous attendions quelque chose de crucial; nous n'avions rien à nous dire jusque-là. Je l'ai laissé commander le vin.

— Corbières, a-t-il murmuré. C'est le sud de la France, ça, non?

— C'est ça.

— Un peu d'écurie?

— En plein ça.

— Le corbières, s'il vous plaît.

Il s'adressait à la serveuse avec un sourire qui disait: Je sais que j'ai l'air de pas savoir ce que je fais, mais j'ai du fun quand même. *Mon Dieu qu'il a un beau sourire.*

Nous avons attendu le vin. «À toi l'honneur.» Il a senti le bouchon, fait tournoyer le vin gauchement et, un peu comme un chat devant une assiette de lait qu'il ne connaît pas, a pris une petite lampée. «Je peux pas», a-t-il dit, perdant courage au dernier moment.

— Mais oui tu peux. Relaxe. Si tu penses qu'il est bouchonné, c'est qu'il est bouchonné.

— Ça me rend nerveux.

— Sens-le. Tu vas le savoir. La première impression est toujours la bonne.

Il a senti une autre fois.

— Mets-toi bien le nez dedans.

— Ça va.

La serveuse a reniflé le goulot de la bouteille. « C'est bien de te revoir Jesse. On voit ton père très souvent ici. »

Nous avons regardé autour de nous. Le couple âgé d'Etobicoke était là. Un dentiste et sa femme, leur fils qui achevait son diplôme de commerce dans une université de Boston. Ils nous ont salués. Nous les avons salués. *Et si je me trompais ?*

— Puis, est-ce que t'as pensé à ce que je t'ai dit ?

Je voyais qu'il voulait bondir sur ses pieds mais ne le pouvait pas. Il regardait autour de lui, comme frustré par la contrainte. Il a ensuite approché son pâle visage près du mien, comme s'il allait révéler un secret. « Le fait est, a-t-il murmuré, que je veux plus jamais revoir l'intérieur d'une école. Jamais. »

J'avais soudainement une boule dans le ventre. « Bon, d'accord. »

Il me regardait, sans voix. Il attendait le *quo* du *quiproquo*.

— Une chose, par contre. Tu n'as pas à travailler, tu n'as pas à payer de loyer. Tu peux dormir jusqu'à cinq heures tous les après-midi. Mais pas de drogues. Sinon l'entente ne tient plus.

— D'accord.

— Je suis sérieux. Je t'écrase une putain de maison sur la tête si tu touches à ça.

— D'accord.

— Mais il y a autre chose. (Je me sentais comme le détective dans *Columbo*.)

— Quoi?

— Je veux que tu regardes trois films par semaine avec moi. C'est moi qui choisis. C'est la seule éducation que tu vas recevoir.

— C'est pas vrai, a-t-il dit au bout d'un moment.

Je n'ai pas perdu de temps. Le lendemain après-midi, je me suis assis à côté de lui sur le divan bleu du salon, moi à droite, lui à gauche, les rideaux tirés, et je lui ai montré *Les quatre cents coups** (1959) de François Truffaut. Je me disais que c'était une bonne entrée en matière pour les films d'art et d'essai européens, dont je savais qu'ils allaient l'ennuyer au début, avant que je lui enseigne comment les regarder. C'était comme apprendre une variante de la grammaire habituelle.

Truffaut, ai-je expliqué (je voulais rester bref), est entré dans le monde du cinéma par la petite porte; c'était un décrocheur (comme toi), un déserteur, un petit criminel, mais il adorait les films et avait passé son enfance à se faufiler dans les salles de cinéma, qui pullulaient dans le Paris d'après-guerre.

Quand il a eu vingt ans, un rédacteur en chef bienveillant a offert à Truffaut un emploi de critique de cinéma, ce qui l'a amené, une demi-douzaine d'années plus tard, à faire son premier film. *Les quatre cents coups* (une expression qui veut dire «folies de jeunesse») était un aperçu autobiographique de ses premières années de petite truanderie.

Pour trouver l'acteur qui allait jouer son rôle, adolescent, le jeune réalisateur de vingt-sept ans a

---

* NdT. Le lecteur pourra trouver la liste des films mentionnés à la fin de cet ouvrage avec, le cas échéant, le titre français utilisé au Québec lors de la sortie initiale du film.

mis une annonce dans le journal. Quelques semaines plus tard, un garçon aux cheveux foncés, qui s'était échappé de son pensionnat et avait fait du pouce depuis le centre de la France jusqu'à Paris, s'est pointé à l'audition pour le rôle d'Antoine.

Son nom était Jean-Pierre Léaud. (J'avais réussi à capter l'attention de Jesse.) J'ai souligné le fait que, à l'exception d'une scène dans le bureau d'une psychiatre, le film a été tourné sans le son – qui a été ajouté après – parce que Truffaut n'avait pas assez d'argent pour le matériel d'enregistrement. J'ai demandé à Jesse de remarquer une scène célèbre où toute une classe de gamins disparaît derrière le dos d'un professeur lors d'une randonnée dans Paris; j'ai dit un mot au sujet d'un moment merveilleux où le garçon, Antoine, parle à une psychiatre.

— Remarque le sourire qu'il a quand elle lui pose des questions sur le sexe. Souviens-toi, il n'y avait pas de dialogues écrits; tout a été improvisé.

Je commençais à me faire penser à un prof de secondaire aux épaules recouvertes de pellicules. Alors j'ai mis le film. Nous l'avons regardé jusqu'au bout, jusqu'à cette longue scène où Antoine s'enfuit de la maison de redressement; il court à travers champs, passe devant des fermes, à travers des vergers, puis arrive à la mer éblouissante. C'est comme s'il ne l'avait jamais vue auparavant. Quelle *immensité*! Elle semble s'étirer à l'infini. Il descend les marches d'un petit escalier; il s'avance sur le sable et là, à l'endroit où les vagues commencent, il recule un peu et regarde la caméra; l'image se fige; le film est terminé.

Après un moment, je demande: «Qu'est-ce que t'en penses?»

— Un peu ennuyant.

J'ai accusé le coup. «Tu vois un parallèle entre la situation d'Antoine et la tienne?»

Il a réfléchi une seconde. «Non.»

— D'après toi, pourquoi il a cette drôle d'expression sur le visage à la fin, dans la dernière image?

— Je sais pas.

— Il a l'air de quoi?

— Il a l'air inquiet.

— Pourquoi il serait inquiet?

— Je sais pas.

— Pense à sa situation. Il s'est enfui de la maison de redressement et de sa famille; il est libre.

— Peut-être qu'il s'inquiète à propos de ce qu'il va faire maintenant.

— Qu'est-ce que tu veux dire?

— Peut-être qu'il se dit «Bon, je me suis rendu jusqu'ici. Mais là je fais quoi?»

— Bon, maintenant laisse-moi te poser la question à nouveau: est-ce qu'il y a quelque chose en commun entre sa situation et la tienne?

Il a souri.

— Tu veux parler de ce que je vais faire maintenant que je suis plus obligé d'aller à l'école?

— Oui.

— Je sais pas.

— Eh bien, c'est peut-être pour ça que le garçon semble angoissé. Il sait pas, lui non plus.

Au bout d'un moment, il a dit: «Quand j'étais à l'école, j'étais angoissé à l'idée d'avoir des mauvaises notes et de me faire engueuler. Maintenant que je suis plus à l'école, j'angoisse à l'idée d'avoir gâché ma vie.»

— C'est parfait.

— Comment, parfait?

— Ça veut dire que tu vas pas te laisser aller à une mauvaise vie.

— Mais je voudrais tellement arrêter d'angoisser. Est-ce que t'angoisses, toi?

Je me suis surpris à reprendre mon souffle. «Oui.»

— Donc ça n'arrête jamais, même quand tout va bien?

— Tout est dans la sorte d'angoisse. Mes angoisses sont beaucoup plus sereines qu'avant.

Il a regardé par la fenêtre. «Tout ça me donne envie d'une cigarette. Comme ça je pourrai angoisser à propos du cancer du poumon.»

Pour dessert le lendemain, je lui ai montré *Basic Instinct* (1992) avec Sharon Stone. Encore une fois, je lui ai fait une petite introduction, rien de compliqué. Ma méthode était simple: minimalisme extrême. S'il veut en savoir plus, il posera les questions.

J'ai dit: «Paul Verhoeven. Réalisateur néerlandais; arrivé à Hollywood après quelques succès en Europe. Belle attaque visuelle, éclairage exquis. A fait quelques excellents films ultraviolents mais regardables. *RoboCop* est le meilleur du lot.» (Je parlais en code Morse mais je ne voulais pas le perdre.)

J'ai continué. «Il a aussi fait un des pires films de l'histoire, *Showgirls*, un classique du cinéma de mauvais goût.»

Le film a commencé, une blonde à la peau bronzée charcutait, à l'aide d'un pic à glace, l'homme avec qui elle était en train d'avoir un rapport sexuel. Belle séquence d'ouverture. Au bout de quinze minutes, il est difficile de ne pas arriver à la conclusion que *Basic Instinct* n'est pas seulement un film qui met en scène des salauds, mais aussi un film *fait* par des salauds. Cette fascination pour la cocaïne et la «décadence» lesbienne est digne d'un écolier morveux. Mais c'est un film éminemment regardable, il faut l'avouer. Il suscite une sorte de terreur agréable. Quelque chose d'important ou de douteux semble toujours sur le point de se passer.

Et puis il y a le dialogue. J'ai fait remarquer à Jesse que l'auteur, Joe Eszterhas, un ancien journaliste, avait été payé trois millions de dollars pour ce genre de répliques :

DETECTIVE : Depuis quand sortiez-vous avec lui ?
SHARON STONE : Je ne sortais pas avec lui. Je le baisais.
DETECTIVE : Est-ce que sa mort vous rend triste ?
SHARON STONE : Oui. J'aimais le baiser.

Jesse ne pouvait pas détacher ses yeux de l'écran. Il avait peut-être apprécié *Les quatre cents coups*, mais ça c'était autre chose.

«On peut faire pause un moment?» a-t-il dit avant de courir aux toilettes pour pisser; sur le divan, j'ai entendu le clonk du siège de toilette suivi du bruit d'un geyser, comme s'il y avait un cheval là-dedans. «Ferme la porte, Jesse, pour l'amour!» (On apprenait toutes sortes de choses aujourd'hui.) Bang, la porte s'est fermée. Puis il s'est dépêché de revenir, martelant le plancher en pieds de bas, tenant son pantalon à la taille, avant d'échouer à nouveau sur le divan. «Avoue, p'pa : le film est excellent!»

2

Un jour il a ramené une fille à la maison. Elle s'appelait Rebecca Ng, une magnifique Vietnamienne. «Heureuse de te rencontrer, David», a-t-elle dit en soutenant mon regard.

David?

— Est-ce que t'as passé une belle journée?

— Est-ce que j'ai passé une belle journée? ai-je répété bêtement. Jusqu'ici tout va bien.

Est-ce que j'aimais vivre dans le quartier? Ma foi, oui, merci.

— J'ai une tante qui vit à quelques rues d'ici, a-t-elle dit. Elle est très gentille. Un peu vieux jeu, mais très gentille.

Vieux jeu?

Rebecca Ng (prononcer Ning) était tirée à quatre épingles, jean blanc immaculé, blouse marron à long col, veste de cuir, bottillons à talons. Elle donnait l'impression d'avoir payé ses vêtements elle-même, en travaillant après l'école dans une boutique de Yorkville, les samedis, à servir des hommes d'affaires faussement célibataires au bar de l'hôtel Four Seasons (quand elle n'était pas en train de prendre de l'avance dans son cours de calcul intégral). Elle a tourné la tête pour parler à Jesse et j'ai reçu une bouffée de son parfum. Délicat, dispendieux.

— Alors voilà, a-t-elle dit.

Il l'a emmenée en bas, dans sa chambre. J'ai ouvert la bouche pour protester. C'était un trou, ce sous-sol. Il n'y avait pas de fenêtres, pas de lumière naturelle. Juste un lit avec une couverture verte, pourrie, des vêtements par terre, des CD répandus dans toute la chambre, un ordinateur face au mur, une «bibliothèque» contenant une copie autographiée d'un Elmore Leonard (jamais lu), *Middlemarch* de George Eliot (un bel effort de la part de sa mère) en plus d'une collection de magazines hip-hop avec en couverture des hommes noirs fronçant les sourcils. Une collection de verres d'eau occupait la table de chevet. On avait droit à une détonation de pistolet quand on arrivait à les décoller. Il y avait sûrement aussi un coin de revue «adulte» (*1-800-SLUT*) s'exhibant entre le matelas et le sommier. «J'ai pas de problème avec la pornographie», m'avait-il dit sans broncher.

— Eh bien moi, oui. Alors garde ça pour toi.

À côté, dans la salle de lavage, la moitié des serviettes de bain de la maison fermentaient sur le plancher de ciment. Mais je me suis tu. Je sentais que ce n'était pas le moment de le traiter comme un enfant : «Prenez-vous donc du lait et des biscuits pendant que je finis de tondre cette sapristi de pelouse!»

Bientôt le womp d'une guitare basse est monté à travers le plancher. La voix de Rebecca se faisait entendre, flottant au-dessus de la musique, puis celle de Jesse, plus profonde, confiante. Et de vifs éclats de rire. Bien, j'ai pensé. Elle vient de découvrir à quel point il peut être drôle.

— Quel âge elle a, cette fille? ai-je demandé une fois qu'il l'a eu ramenée au métro.

— Seize. Mais elle a un copain, par contre.

— J'imagine.

Il a souri, incertain. «Qu'est-ce que tu veux dire?»

— Rien de spécial.

Il avait l'air anxieux.

— En fait, ce que je me demande, c'est ce qu'elle faisait ici, au juste, si elle a un copain?

— Elle est belle, non?

— Certainement qu'elle est belle. Puis elle le sait, aussi.

— Tout le monde aime Rebecca. Ils font tous semblant de vouloir être son ami. Elle les laisse la conduire partout en voiture.

— Quel âge, son copain?

— Le même âge. Mais c'est un genre de nerd.

— C'est bien, de la part de Rebecca, ai-je dit avec civilité.

— Comment ça?

— Ça la rend plus intéressante.

Il a aperçu son visage dans le miroir au-dessus de l'évier de la cuisine. Il l'a tourné un peu de côté, a rentré ses joues, retroussé ses lèvres et froncé les sourcils, l'air grave. C'était son «air miroir». Un air qu'il ne prenait jamais autrement. Je m'attendais presque à ce que ses cheveux, épais comme la fourrure d'un raton laveur, se dressent subitement sur sa tête.

«Mais le gars avant lui avait vingt-cinq ans.» (Il avait envie de parler d'elle. Détachant avec peine son regard du miroir, il est revenu à son air habituel.)

— Vingt-cinq?

— Les gars sont tous après elle, p'pa. Comme des mouches.

En cet instant, il m'a semblé plus sage que moi, au même âge. Moins faussement frivole. (Ce qui n'était pas bien difficile.) Mais toute cette histoire avec Rebecca Ng me rendait nerveux. C'était comme le regarder monter à bord d'une voiture luxueuse. Je pouvais sentir le cuir neuf jusqu'ici.

— J'avais pas trop l'air d'être intéressé ou quelque chose du genre?

— Non, pas du tout.

— J'avais pas l'air nerveux?

— Non. L'étais-tu?

— Juste quand je la regardais de près. Le reste du temps ça allait.

— Tu me semblais en parfait contrôle de la situation.

— C'est vrai, non?

Et là j'ai pu voir une légèreté revenir dans son corps, comme un petit congé de ce magma d'angoisses et de suppositions qui allaient le reprendre par une sorte de force gravitationnelle. J'ai si peu à lui donner, ai-je pensé, je peux seulement le rassurer par petits bouts, comme des tranches de pomme qu'on donne à un animal rare au zoo.

À travers le mur, j'entendais notre voisine, Eleanor. Elle s'affairait bruyamment, faisait du thé, écoutait la radio. Le son de la solitude. Tandis que je l'écoutais et que je pensais à mes propres angoisses, je me suis soudain rappelé le premier rendez-vous amoureux de Jesse. Il avait dix, peut-être onze ans. J'avais supervisé les opérations; je le regardais, bras croisés, pendant qu'il se brossait les dents, tapotait ses minuscules aisselles avec mon déodorant, enfilait un t-shirt rouge, brossait ses cheveux et se préparait à partir. Je l'avais suivi, me cachant derrière les buissons et les arbres, évitant de me faire voir. (Comme il était beau dans la lumière du soleil, un petit bonhomme allumette avec des cheveux mauves.)

Quelques instants plus tard, il apparaissait dans l'allée d'une imposante maison victorienne, avec une petite fille à côté de lui. Elle était légèrement plus grande que lui. Je les ai suivis jusqu'à Bloor Street, où ils sont entrés dans un Coffee Time et ont échappé à ma surveillance.

— Tu penses pas que Rebecca est trop bien pour moi, hein, p'pa ? m'a-t-il demandé, attrapant son reflet dans le miroir, le visage grimaçant.

— Personne n'est trop bien pour toi.

Mais j'ai eu un pincement au cœur en le disant.

———————

J'avais beaucoup de temps à moi cet hiver-là. J'animais une petite émission documentaire que personne ne regardait, mais mon contrat tirait à sa fin et le producteur délégué avait cessé de répondre à mes courriels gentiment paniqués. J'avais la désagréable sensation que le glas de ma carrière télévisuelle avait sonné.

«Peut-être que tu seras obligé de te mettre à chercher du travail, comme tout le monde», m'a dit ma femme. Cette perspective me terrifiait. Me promener, chapeau à la main, à quêter du boulot à cinquante ans.

— Je crois pas que les gens voient ça comme ça. T'es juste un gars qui se cherche du boulot. Tout le monde fait ça.

J'ai appelé quelques collègues du bon vieux temps, des gens qui (je le croyais) avaient admiré mon travail. Mais ils étaient passés à d'autres émissions, d'autres épouses, de nouveaux bébés. Je pouvais sentir qu'ils compatissaient, et aussi que j'étais complètement décalé.

J'ai lunché avec des gens que je n'avais pas vus depuis des lunes. De vieux amis du secondaire, de l'université, d'une époque un peu folle dans les Caraïbes. Au bout de vingt minutes, je regardais au-dessus de ma fourchette et me disais : Il faut que j'arrête de faire ça. (Je suis sûr qu'ils pensaient la même chose.) Comment je vais faire, je me demandais, pour vivre tout le reste de ma vie ? Cinq ou dix autres années encore, et les perspectives étaient assez désolantes. Mon assurance tranquille que les choses allaient «à peu près se placer» et «bien finir» s'évaporait.

J'ai dessiné un tableau impitoyable. En partant du fait que personne n'allait plus jamais m'embaucher, j'avais assez d'argent pour tenir encore deux ans. Plus, si j'arrêtais les restaurants. (Encore plus si je mourais.) Et puis au-delà ? Professeur suppléant ? Une chose que je n'avais pas faite depuis vingt-cinq ans. Cette idée me retournait l'estomac. Le téléphone qui sonne à six heures et demie du matin, moi qui saute du lit avec le cœur qui palpite et un mauvais goût dans la bouche ; ma chemise, ma cravate et mon veston sorti des boules à mites ; le trajet nauséeux en métro vers une école en brique dans un quartier que je ne connais pas, les couloirs violemment éclairés, l'assistant du directeur : «Vous êtes le gars qu'on voyait à la télé, non ?» Des pensées qui donnent envie de se verser un bon scotch dès onze heures du matin. Ce que j'ai fait plusieurs fois, avant de me payer, bien sûr, des lendemains de veille dignes de Malcolm Lowry. *Tu as bien mal arrangé ta vie.*

Debout trop tôt, un matin, je me suis retrouvé dans un restaurant que je ne connaissais pas. Quand la facture est arrivée, le montant était ridiculement peu élevé; il y avait certainement une erreur et je ne voulais pas que la serveuse en fasse les frais. Je lui ai fait signe. «Ça me semble trop peu cher, non?»

Elle a regardé la facture. «Non, non! a-t-elle répondu, lumineuse, c'est le prix de l'âge d'or!»

Le prix de l'âge d'or, pour les soixante-cinq ans et plus… Le plus pathétique dans tout ça, c'est que j'éprouvais une sorte de douce gratitude. J'avais, après tout, épargné presque deux dollars cinquante sur le spécial Lève-tôt œufs-jambon.

Dehors les ténèbres tombaient. Il avait commencé à neiger; de gros flocons mouillés glissaient le long des vitres. Le petit stationnement en face disparaissait dans la brume. On pouvait voir une paire de feux rouges se mouvoir, quelqu'un reculait dans une place. C'est à ce moment que la mère de Jesse, Maggie Huculak (prononcer Hou-chou-lak), a téléphoné. Elle venait de se servir un verre de vin rouge dans mon loft et avait besoin de compagnie. Les lampadaires se sont allumés, le brouillard chatoyait comme par magie autour des lumières. Soudainement, c'était une douce soirée, parfaite pour deux parents qui avaient envie de parler de leur fils adoré: sa diète (pauvre), l'activité physique (aucune), la cigarette (inquiétant),

Rebecca Ng (problèmes à l'horizon), drogues (aucune, à notre connaissance), lectures (*nil*), cinéma (*North by Northwest* de Hitchcock, 1959, aujourd'hui), l'alcool (dans les partys), la nature de son âme (rêveuse).

Et tandis que nous parlions, je prenais conscience de notre amour l'un pour l'autre. Pas un amour charnel ou romantique – nous en avions terminé avec ça –, mais quelque chose de plus profond. (Plus jeune, je n'avais jamais pu croire que puisse exister quelque chose de plus profond.) Nous éprouvions un tel plaisir à être ensemble, un tel réconfort à entendre nos voix se mêler. De plus, j'avais appris à la dure qu'il n'y avait qu'elle au monde avec qui je pouvais parler de mon fils dans les plus infimes détails, ce qu'il avait dit ce matin, à quel point il était perspicace, comme il était beau dans son nouveau chandail de rugby. («T'as tellement raison! Les couleurs sombres lui vont *vraiment* bien!»)

Personne d'autre ne pouvait supporter ce genre de discours plus de trente secondes sans se jeter par la fenêtre. Quelle tristesse, je me disais, quel dommage pour tous ces parents qui avaient laissé la haine se durcir entre eux au point de les priver de ces délicieux échanges.

— Tu as un amoureux ces temps-ci?

— Non, personne en vue.

— Ça viendra. Je te connais.

— Je sais pas. Quelqu'un m'a dit récemment qu'à mon âge, une femme avait plus de chances de mourir dans un attentat terroriste que de se marier.

— Comme c'est gentil. Qui t'a dit ça?

Elle a évoqué cette actrice à face de canard avec qui elle répétait *Hedda Gabler*.

— On a fait une lecture de la pièce et à la fin, le metteur en scène, un gars que je connais depuis des années, m'a dit : «Maggie, tu es comme un scotch singlemalt.»

— Vraiment?

— Et tu sais ce qu'elle a dit?

— Quoi?

— Elle a dit : «C'est le scotch cheap, c'est ça?»

Au bout d'un moment, j'ai dit : «Tu joues mieux qu'elle, Maggie ; elle te le pardonnera jamais.»

«Tu es si gentil avec moi.» Sa voix tremblait. Elle a la larme facile.

———————————

Je ne me souviens plus exactement. C'était peut-être par cette même nuit brumeuse ou bien un peu plus tard que Rebecca Ng a téléphoné vers quatre heures du matin. La sonnerie s'est insinuée si parfaitement dans mon rêve (le chalet, ma mère qui me fait un sandwich aux tomates dans la cuisine, une époque révolue depuis longtemps) que je ne me suis pas réveillé tout de suite. Le téléphone sonnait et sonnait encore, puis j'ai répondu. Il était si tard, c'était si étrange qu'une fille de son âge soit réveillée, encore plus étrange qu'elle soit en train de passer des coups de fil. «Il est trop tard pour tout ça, Rebecca, bien trop tard», ai-je dit.

— Je suis désolée, dit-elle d'une voix pas trop désolée. Je croyais que Jesse avait sa propre ligne.

«Même s'il en avait une», ai-je commencé, mais ma langue ne marchait plus. On aurait dit que je me tapais une crise cardiaque.

On n'attaque pas un adolescent dès son lever : on attend qu'il se soit brossé les dents, lavé la figure, qu'il soit monté, assis et qu'il ait mangé ses œufs brouillés. Ensuite on l'attaque. On dit : «C'était quoi, tout ça, à quatre heures du matin ?»

«Elle a rêvé à moi.» Il essayait de dissimuler son excitation mais il rayonnait comme un homme qui a reçu une bonne main au poker.

— Elle te l'a dit ?

— Elle lui a dit, à *lui* !

— À qui ?

— Son copain.

— Elle a dit à son copain qu'elle avait rêvé à toi ?

— Oui. (Tout ça commençait à ressembler à une pièce de Harold Pinter.)

— Misère.

— Quoi ? a dit Jesse, inquiet.

— Jesse, quand une femme te dit qu'elle a rêvé à toi, tu sais ce que ça veut dire, non ?

— Qu'est-ce que ça veut dire ?

Il connaissait la réponse. Mais il voulait l'entendre.

— Ça veut dire qu'elle est intéressée. C'est sa façon de te dire qu'elle pense à toi. Qu'elle pense *vraiment* à toi.

— C'est vrai. Je pense qu'elle est intéressée.

— J'en doute pas une seconde. Moi aussi, je te trouve intéressant, mais...

Je me suis arrêté, à court de mots.

— Mais quoi ?

— C'est sournois, bon. Et cruel. T'aimerais ça, toi, si ta copine te disait qu'elle a rêvé à un autre gars ?

— Elle le ferait pas.

— Tu veux dire que si elle était avec toi, elle rêverait pas à d'autres gars ?

— En plein ça, a-t-il répondu, à moitié convaincu.

J'ai repris : «Ce que j'essaie de te dire, Jesse, c'est qu'une fille va toujours te traiter de la même façon qu'elle a traité son ex.»

— Tu penses?

— Je pense pas, je le *sais*. Prends ta mère : elle a toujours été gentille et généreuse avec ses ex. C'est pour ça qu'elle a jamais déversé son fiel sur toi et qu'elle m'a pas traîné devant le juge.

— Elle ferait jamais ça.

— C'est précisément ce que je dis. Elle l'aurait jamais fait à un autre gars et elle me l'a pas fait. C'est pour ça que je t'ai eu avec elle et pas avec une autre.

— Tu savais que vous alliez vous séparer?

— Ce que je veux dire, c'est qu'y a pas de problème à aller au lit avec une petite peste, mais fais jamais de bébé avec elle.

Ça lui a cloué le bec.

———

J'ai conservé la liste des films que nous avons vus (des cartons jaunes sur le frigo), alors je sais que dans les premières semaines je lui ai montré *Crimes and Misdemeanors* (1989). Les derniers films de Woody Allen ont un petit côté bâclé, comme s'il était pressé d'en finir et de passer à autre chose. Et cette autre chose, malheureusement, est un autre film. Un vrai cercle vicieux. Mais il a tout de même fait plus de trente films, peut-être qu'il a déjà accompli l'œuvre de sa vie; peut-être qu'il est en droit, dorénavant, de rouler à la vitesse qu'il veut.

N'empêche qu'il fut un temps où il enfilait les bijoux, l'un après l'autre. *Crimes and Misdemeanors* est un film que bien des gens ont vu une fois mais, comme pour les nouvelles de Tchekhov, ils ne le comprennent pas bien du premier coup. J'ai toujours pensé que ce film nous fait vraiment comprendre le monde selon Woody Allen : un endroit où des gens tels que nos voisins peuvent réellement commettre un meurtre et s'en tirer et où des lunatiques finissent avec des filles géniales.

J'ai attiré l'attention de Jesse sur le récit efficace du film, sur l'adresse avec laquelle il résume la naissance de la relation entre l'ophtalmologiste (Martin Landau) et sa maîtresse hystérique (Angelica Huston). Quelques coups de pinceaux seulement permettent de comprendre le chemin parcouru, du flirt délirant jusqu'au paroxysme meurtrier.

Qu'en pensait Jesse ? « Je pense que j'aimerais bien Woody Allen dans la vraie vie. » Nous en sommes restés là.

Ensuite je lui ai montré un documentaire, *Volcano : An Inquiry into the Life and Death of Malcolm Lowry* (1976). On ne peut dire ceci qu'une seule fois dans sa vie et je le fais ici : *Volcano* est le meilleur documentaire que j'aie vu. À mes débuts à la télé il y a vingt ans, j'avais demandé à une réalisatrice d'expérience si elle en avait déjà entendu parler.

« Tu veux rire ? a-t-elle dit. C'est la raison pour laquelle je fais de la télé. » Elle pouvait même le citer de mémoire : « Comment, à moins de boire autant que moi, espérer comprendre la beauté d'une vieille femme de Tarasco jouant aux dominos à sept heures du matin. »

Ce film raconte une histoire incroyable : Malcolm Lowry, un garçon riche, quitte l'Angleterre à vingt-cinq ans, fait le tour du monde en buvant, s'installe au Mexique où il se met à écrire une nouvelle. Dix ans et un million de verres plus tard, il fait de cette nouvelle l'un des plus grands romans jamais écrits à propos de l'alcool, *Under the Volcano*, et se rend presque fou à le faire. (Bizarrement, une bonne partie du roman a été écrite dans un petit chalet à une quinzaine de kilomètres au nord de Vancouver.)

Il y a des écrivains, ai-je expliqué, dont les vies et les morts inspirent autant de curiosité et d'admiration que ce qu'ils ont écrit. Je parle de Virginia Woolf (morte noyée), Sylvia Plath (asphyxiée au gaz), F. Scott Fitzgerald (étourdi d'alcool et mort trop jeune). Malcolm Lowry en est un autre. Son roman est l'un des hymnes à l'autodestruction les plus romantiques de la littérature mondiale.

« Ça fait peur, ai-je dit à Jesse, d'imaginer le nombre de jeunes hommes de ton âge qui se sont saoulés puis se sont regardés dans le miroir en pensant y voir Malcolm Lowry. Combien de jeunes hommes ont pensé faire quelque chose de plus important, de plus poétique que de simplement prendre une brosse. » J'ai lu un passage du roman pour mieux faire comprendre tout ça à Jesse. « Et c'est ainsi que je me vois, parfois, écrit Lowry, comme un grand explorateur qui a découvert une contrée extraordinaire de laquelle il ne peut jamais revenir pour partager sa connaissance avec le monde : mais le nom de cette contrée est l'Enfer. »

— Wow, a dit Jesse en se laissant tomber de nouveau sur le sofa. Tu penses qu'il pensait vraiment tout ça, qu'il se voyait vraiment comme ça ?

— Je le pense.

Il a réfléchi un moment avant de dire : « Je sais que ça devrait pas mais, bizarrement, ça donne envie de sortir puis de se saouler la gueule. » Je lui ai ensuite demandé de porter une attention toute particulière à l'écriture du documentaire, qui est le plus souvent à la hauteur de la prose de Lowry. Voici un exemple, la description, faite par le réalisateur Donald Brittain, de l'enfermement de Lowry dans un asile d'aliénés à New York : « Ce n'était plus le monde de la grande bourgeoisie où l'on se laissait choir sur de molles pelouses. Ici, il y avait des choses qui s'accrochaient à la vie malgré le fait qu'elles étaient irréparables. »

— Penses-tu que je suis trop jeune pour lire du Lowry ?

Question difficile. Je savais qu'à ce moment précis de sa vie le livre allait le perdre après vingt pages. « Il y a d'autres livres que tu ferais mieux de connaître avant de le lire. »

— Lesquels ?

— C'est à ça que ça sert, l'université.

— Mais je peux pas les lire quand même ?

— Tu peux. Mais les gens le font pas. Il y a des livres qu'on lit parce qu'on est obligé. C'est ce qui est bien avec les études. Ça fait lire plein de choses qu'on se donnerait pas la peine de lire normalement.

— C'est une bonne chose, ça ?

— En bout de ligne, oui.

À l'occasion, Tina arrivait du travail pour me trouver en train d'appâter Jesse en haut de l'escalier avec un croissant entre les doigts, comme si j'étais en train de dresser un marsouin à Sea World.

«Il a des parents très compréhensifs», disait-elle. Elle avait passé les étés, les congés et les fins de semaine à travailler pour payer ses études universitaires, alors elle devait trouver ce petit rituel d'après-midi un tantinet irritant.

Un mot au sujet de Tina. La première fois que je l'ai vue passer en coup de vent dans la salle de nouvelles – il y a plus de quinze ans de cela –, je me suis dit : «Trop jolie. Oublie ça.»

Nous avions tout de même eu une brève liaison à laquelle elle a mis fin au bout de quelques semaines avec une remarque tranchante : j'étais «parfait pour les cinq à sept» mais «pas bon à marier».

— À mon âge, avait-elle dit, je peux pas me permettre de me retrouver d'ici deux ans dans un cul-de-sac relationnel.

Plusieurs années avaient passé. Je sortais de ma banque un après-midi, dans un centre commercial souterrain, quand je suis tombé nez à nez avec elle au pied d'un escalier roulant. Le temps avait allongé son visage et elle avait un air un peu effaré. Une triste histoire d'amour, espérais-je. Nous avons eu quelques rendez-vous ici et là puis, un soir, en rentrant de quelque part, j'ai jeté un regard vers sa silhouette et j'ai pensé : Je dois épouser cette femme. C'était comme si un mécanisme de survie venait de se déclencher, comme une fournaise par une nuit froide. Épouse cette femme, ça disait, et tu mourras heureux.

Quand elle avait entendu la nouvelle, Maggie m'avait pris à part et m'avait chuchoté : «Gâche pas tout, cette fois.»

Ensuite j'ai montré à Jesse *Citizen Kane* (1941) : «Pas mal bon, mais c'est loin d'être le meilleur film de l'histoire »; *The Night of the Iguana* de John Huston (1964) : « N'importe quoi »; puis *On the Waterfront* (1954).

J'ai commencé par une question rhétorique. Est-ce que Marlon Brando était le meilleur acteur de tous les temps?

Puis j'ai fait mon pitch. J'ai expliqué que *On the Waterfront* semblait être un film sur la lutte contre la corruption qui avait lieu sur les quais de New York mais qu'en fait, il portait plutôt sur l'émergence fulgurante d'un nouveau style de jeu parmi les acteurs, la Méthode selon laquelle ils devaient incarner un personnage en le rattachant à des expériences personnelles. Les résultats en étaient parfois trop personnels et lamentables mais, dans ce film, c'était divin.

J'ai ensuite expliqué qu'il y avait de nombreuses façons de voir le film. (Il avait remporté huit Oscars.) Sur le plan littéral, il s'agit d'une histoire enlevante à propos d'un jeune homme (Brando) qui est placé devant un réel cas de conscience. Doit-il laisser un crime impuni, même s'il a été commis par ses amis? Ou bien les dénoncer?

Mais il y a une autre façon de le voir. Le réalisateur de ce film, Elia Kazan, avait commis une de ces erreurs monumentales qui vous collent à la peau toute la vie : il avait volontairement témoigné devant la Commission sur les activités anti-américaines du sénateur Joseph McCarthy dans les années cinquante. Au cours des « enquêtes » de cette Commission, ai-je expliqué, des acteurs, des auteurs et des réalisateurs étaient systématiquement inscrits sur des listes noires pour avoir été membres du Parti communiste; des vies avaient été ruinées.

Kazan reçut le surnom de «Loose-Lips» (le panier percé) pour son comportement de bon chien et l'entrain avec lequel il avait livré des noms. Les critiques clamèrent que *On the Waterfront* était essentiellement une façon artistique pour Kazan de justifier sa trahison.

Je voyais les paupières de Jesse s'alourdir alors j'ai clos mon laïus en lui disant de ne pas manquer la scène où Marlon Brando et Eva Marie Saint sont dans un parc; il prend son gant et l'enfile; elle veut partir mais ne le peut pas tant qu'il garde son gant. Quand Kazan parlait de Brando, il parlait toujours de ce moment-là. «L'avez-vous vu?» demandait-il aux intervieweurs, avec la voix d'un homme qui a été témoin, de première main, d'un événement surnaturel qui ne se produit habituellement pas dans notre dimension.

Puis ça a continué. Je lui ai montré *Who's Afraid of Virginia Woolf?* (1966); *Plenty* (1985) avec Meryl Streep; *The Third Man* (1949) de Graham Greene. Certains plaisaient à Jesse, d'autres l'ennuyaient. Mais c'était mieux que de payer un loyer et de se trouver du boulot. J'ai eu une surprise quand je lui ai montré *A Hard Day's Night* (1964).

Il est difficile pour ceux qui n'ont pas grandi dans les années soixante, ai-je dit, d'imaginer à quel point les Beatles ont été importants. À peine sortis de l'adolescence, ils étaient traités comme des empereurs romains partout où ils allaient. Ils avaient cette extraordinaire particularité de te faire sentir comme si, malgré leur popularité hystérique, t'étais le seul à comprendre leur valeur, ils étaient ta propre découverte secrète.

J'ai raconté à Jesse que je les avais vus au Maple Leaf Gardens à Toronto en 1966. Je n'ai jamais rien vu de tel, les cris, l'explosion des flashs, John Lennon qui s'éclate en chantant *Long Tall Sally*. La jeune fille qui était à côté de moi a tiré si fort sur mes jumelles qu'elle m'en a presque arraché la tête.

Je lui ai dit que j'avais interviewé George Harrison en 1989 quand il avait sorti son plus récent album ; comment, alors que j'attendais dans son bureau chez Handmade Films, je m'étais presque évanoui quand je m'étais retourné et qu'il était là, un homme mince entre deux âges avec d'épais cheveux noirs. «Une minute, avait-il dit avec cet accent entendu au *Ed Sullivan Show*, il faut que je me passe un coup de peigne.»

J'ai dit à Jesse à quel point ils «l'avaient» quand ils ont fait *A Hard Day's Night*, depuis le tournage en un lumineux noir et blanc jusqu'aux avant-gardistes complets noirs et chemises blanches, en passant par l'utilisation de la caméra à l'épaule qui donne au film un aspect réaliste, documentaire. Ce style frétillant, genre «nouvelles de six heures», a influencé toute une génération de réalisateurs.

Je lui ai parlé de quelques séquences particulièrement délicieuses : George Harrison (le meilleur acteur du lot, selon le réalisateur Richard Lester) et la scène des horribles chemises ; John Lennon qui renifle le goulot d'une bouteille de Coke dans un train (peu de gens avaient compris la blague à l'époque). Mais ma scène préférée, et de loin, c'était celle où les Beatles descendaient en courant une volée d'escaliers pour aboutir dans un grand espace vert. Avec *Can't Buy Me Love* à fond la caisse comme bande sonore, ce moment est si irrésistible, si extatique qu'il me remplit, jusqu'à ce jour, du sentiment d'être tout près – sans jamais pouvoir l'atteindre – d'une chose importante. Après toutes ces années, je ne sais toujours pas ce que c'est que cette «chose», mais j'en perçois la présence quand je regarde cette scène.

Juste avant de mettre le film, j'ai précisé qu'en 2001 les Beatles encore en vie avaient fait paraître une anthologie de leurs meilleurs hits. Dans trente-quatre pays différents, elle avait trôné au sommet des palmarès. Au Canada, aux États-Unis, en Islande, partout en Europe. On parle d'un groupe qui s'était dissous trente et un ans auparavant.

Enfin, j'ai dit les mots que je rêvais de prononcer depuis toujours : «Ladies and gentlemen, the Beatles!»

Jesse a regardé le film, enfermé dans un silence poli, après quoi il a tout simplement dit : «Atroce.» Et puis : «John Lennon est le pire du lot.» (Il s'est alors mis à imiter Lennon avec une étonnante acuité.) «Il est gênant à regarder.»

J'étais sans voix. La musique, le film, son look, son style… Mais par-dessus tout, c'était les Beatles, merde!

«Donne-moi une autre chance, O.K.?» J'ai fouillé parmi mes disques des Beatles pour trouver *It's Only Love* sur l'album *Rubber Soul*. J'ai mis le disque et fait jouer la pièce (mon index dressé pour capter son attention, de peur qu'elle ne s'égare ne serait-ce qu'un millième de seconde).

— Attends, attends, je gueulais, extatique. Attends le refrain! Écoute la voix, c'est comme du fil barbelé!

Par-dessus la musique, j'ai crié : «Tu trouves pas que c'est la meilleure voix de toute l'histoire du rock and roll?»

Après la chanson, j'ai regagné ma place. J'ai observé un silence religieux puis, d'une voix que je voulais désespérément normale (il me tue, ce pont, encore aujourd'hui), j'ai dit : «Puis, qu'est-ce que t'en penses?»

— Z'ont des bonnes voix.

Des bonnes voix?

— Mais qu'est-ce que tu RES-SENS?

Il m'a observé, prudemment, avec les yeux de sa mère puis : «Honnêtement?»

— Honnêtement.

«Rien.» Pause. «Je ressens rien du tout.» Il a mis sa main sur mon épaule, conciliant. «Désolé, p'pa.»

Est-ce qu'il y avait de l'amusement dissimulé dans son regard? J'étais déjà devenu un vieux schnoque?

3

Un jour, vers la fin de l'après-midi – il était près de six heures –, Jesse ne s'était toujours pas manifesté. J'ai descendu les marches et cogné à sa porte.

— Jesse, je peux entrer?

Il était couché sur le côté sous les couvertures, face au mur. J'ai allumé la lampe de chevet et me suis assis délicatement sur le bord du lit.

— Je t'ai apporté à manger.

Il s'est tourné. «Je peux pas manger, p'pa, vraiment.»

J'ai sorti un croissant. «Bon, je vais juste me prendre une petite bouchée, alors.»

Il a regardé le sac avec appétit.

— Et puis, ai-je dit (crounch, crounch), qu'est-ce qui se passe?

— Rien.

— C'est à propos de Rebecca?

Il s'est assis, raide comme un piquet, son épaisse chevelure dressée comme s'il venait d'être frappé par la foudre. «Elle a eu un orgasme», a-t-il murmuré. J'ai eu un mouvement de recul. C'était plus fort que moi. Ce n'était pas le genre de conversation que je voulais avoir avec mon fils de seize ans, du moins pas avec

45

ce genre de détails. (Il avait ses amis pour ça.) Mais je voyais bien que de prononcer ces mots, de simplement les faire émerger et de les mettre en lumière, lui avait permis d'expulser une dose de poison de son corps.

J'ai caché mon inconfort en prenant une grosse bouchée, presque le croissant en entier.

— Mais tu sais ce qu'elle m'a dit après?

— Non, je sais pas.

— Elle a dit: «Je t'aime bien, Jesse, mais quand je te prends dans mes bras, c'est comme si je serrais un bon ami contre moi.»

— Elle a dit ça?

— Mot pour mot. Je te jure, p'pa. Comme si j'étais une de ses amies, ou un gai, genre.

Au bout d'un moment j'ai dit: «Tu sais ce que je pense?»

— Quoi?

Il avait l'air d'un condamné qui attendait sa peine.

— Je pense que c'est une petite salope fouteuse de merde qui adore te tourmenter.

— Vraiment?

— Vraiment.

Il s'est recouché, comme si toute l'horreur de la situation lui revenait subitement à l'esprit.

— Écoute, ai-je dit, il faut que j'y aille bientôt. J'ai des trucs à faire et tu vas te remettre à penser à tout ça...

— Probablement.

Pesant mes mots, j'ai parlé doucement. «Je veux pas avoir une conversation déplacée avec toi – on est pas des amis, on est père et fils –, mais je veux te dire une chose. Les filles ont pas d'orgasme avec les gens qui les attirent pas physiquement.»

— T'es sûr de ça?

— Oui, ai-je répondu avec conviction.

(Est-ce bien vrai, me suis-je demandé? Peu importe. Ce n'est pas le problème du jour.)

J'ai emmené Jesse voir *Sexy Beast* (2000) avec Ben Kingsley au Cumberland Theatre. Je voyais bien qu'il n'écoutait pas le film, qu'il était là, dans le noir, en train de penser à Rebecca Ng et à cette histoire de «prendre un bon ami dans ses bras». Au retour, je lui ai demandé: «As-tu eu la chance de parler de tout ce dont tu voulais parler aujourd'hui?»

Il ne m'a pas regardé. «Absolument.» La porte était fermée; mêle-toi de tes oignons. Le reste du trajet vers le métro s'est fait dans un silence étrangement inconfortable. Nous n'avions jamais eu de difficulté à parler, mais là c'était comme si nous n'avions plus rien à nous dire. Peut-être, même à son jeune âge, avait-il l'intuition que rien de ce que je pourrais dire allait changer quoi que ce soit. Seule Rebecca avait ce pouvoir. Mais on aurait dit qu'il avait oublié comment fonctionnait son système nerveux, que de mettre les choses en mots le soulageait, en partie, du désarroi qu'ils décrivaient. Il était hors de ma portée. Et je sentais une curieuse réticence à pénétrer dans une pièce quand je n'étais pas invité. Il était en train de grandir.

Le temps, comme toujours quand on est en peine d'amour, était horrible. Matins pluvieux, ciels ternes en après-midi. Une voiture avait écrabouillé un écureuil devant la porte et on ne pouvait pas entrer ni sortir sans jeter un coup d'œil involontaire à la fourrure sanglante. À un souper de famille avec sa mère et ma femme, Tina, il jouait avec son steak et sa purée de pommes de terre (son plat préféré) avec un enthousiasme poli, voire machinal. Il avait l'air pâle, comme un enfant malade, et buvait trop de vin. Ce n'était pas tant la quantité, en fait; c'était la façon dont il buvait, trop vite, à la poursuite d'une sensation. Une chose qu'on observe chez les buveurs plus âgés. Je me suis dit: Faudra garder un œil là-dessus.

En l'observant à l'autre bout de la table, je me suis surpris à passer, par moments, d'une image désolante à l'autre. Je l'ai vu en homme plus vieux, conduisant un taxi empestant la marijuana, un tabloïd plié sur le siège à côté de lui. *Je lui ai dit qu'il pouvait faire tout ce qu'il voulait; oublie le loyer, dors toute la journée. J'suis un père vraiment cool!*

Et si rien n'allait se passer? Et si je l'avais laissé tomber dans un puits où il n'y avait pas de porte, pas d'issue, rien qu'une succession de boulots de merde et de patrons de merde, avec pas assez d'argent et trop d'alcool? Et si c'était moi qui avais mis la table pour tout ça?

Je l'ai trouvé seul sur la véranda plus tard ce soir-là. «Tu sais, ai-je dit en m'assoyant dans le fauteuil en rotin, ce que tu fais en ce moment, ne pas aller à l'école, c'est un chemin difficile: tu en es bien conscient.»

— J'en suis conscient.

J'ai continué. «Je veux juste m'assurer que tu sais ce que tu fais, qu'il y a de réelles conséquences à n'avoir qu'une dixième année.»

— Je sais, m'a-t-il répondu, mais je pense que je vais quand même avoir une bonne vie.

— Tu le penses?

— Ouaip. Pas toi?

— Pas moi quoi?

— Tu penses pas que je vais avoir une bonne vie?

Je l'ai regardé, son mince visage ouvert, vulnérable, et j'ai pensé que je préférerais me suicider que de loger un autre souci dans sa poitrine.

— Je pense que tu vas avoir une vie géniale. En fait, j'en suis convaincu.

C'était un après-midi de printemps. Jesse a monté péniblement les escaliers vers les cinq heures. J'allais dire quelque chose mais je ne l'ai pas fait. C'était ça l'entente. J'avais un rendez-vous pour aller boire un verre avec quelqu'un à propos d'un travail pour un magazine (c'était toujours l'hémorragie financière), mais j'ai pensé commencer un film avec lui puis partir. J'ai mis *Giant* (1956), avec James Dean dans le rôle d'un jeune cowboy. Jesse grignotait un croissant pendant que le générique d'ouverture défilait sur fond de troupeaux de bétail. Il respirait par le nez, ce qui avait le don de m'énerver.

— C'est qui, ça? a-t-il demandé. Crounch, crounch.

— James Dean.

Une pause. «Y a l'air cool.»

On arrivait à la scène où Rock Hudson essaie de convaincre le ravissant Dean de lui vendre le petit bout de terre dont il vient d'hériter. Trois ou quatre autres hommes se tiennent dans la pièce, des hommes d'affaires, cravates et chemises blanches amidonnées, qui veulent tous la même chose: que ce vaurien vende. (Ils croient qu'il y a du pétrole dans le coin.) Hudson lui offre une tonne d'argent. Non, dit le cowboy, il est désolé mais il déteste pas l'idée d'être propriétaire d'un petit bout de terre rien qu'à lui. C'est pas grand-chose, mais c'est à moi.

Et quand il prend congé, il s'arrête près de la porte, joue avec une longue corde, comme s'il pratiquait un truc de rodéo.

— Maintenant regarde bien. Regarde ce qu'il fait quand il quitte la pièce, le geste de sa main, comme s'il balayait de la neige sur un bureau. C'est comme s'il disait «Allez vous faire foutre» aux hommes d'affaires.

C'est un de ces moments au cinéma, tellement bizarre, tellement soudain que, la première fois qu'on le voit, on n'en croit pas ses yeux.

— Wow, a dit Jesse, en se redressant. On peut le regarder encore? (Ravissement est peut-être le sentiment approprié quand on parle de Tchekhov, mais «Wow» est le bon mot pour James Dean.)

Quelques minutes plus tard, je devais partir. En sortant, j'ai dit: «Tu devrais regarder le reste du film – t'aimerais ça.» Et je m'imaginais, complaisamment, qu'il allait le faire. Mais quand je suis revenu ce soir-là (onze dollars de taxi, pas de boulot), je l'ai trouvé assis à la table de cuisine en train de manger un bol de spaghetti. La bouche ouverte. Je lui avais dit une douzaine de fois de ne pas faire ça. Ça m'énervait que sa mère ne l'ait pas corrigé de son côté. Ce n'est pas rendre service à un jeune homme que de le laisser avoir de mauvaises manières à table. J'ai dit: «Jesse, ferme ta bouche, s'il te plaît, quand tu manges.»

— Désolé.

— C'est pas la première fois.

— Je le fais juste quand je suis à la maison.

J'allais ignorer ce commentaire mais je n'ai pas pu. «Si tu le fais à la maison, tu vas oublier de PAS le faire quand tu sors.»

— O.K.

— Alors, t'en as pensé quoi?

— Quoi?

— *Giant.*

— Oh, je l'ai arrêté.

Au bout d'un moment, j'ai dit: «Tu sais, Jesse, tu fais pas grand-chose, ces temps-ci. Tu devrais vraiment pouvoir tenir jusqu'au bout avec un film comme *Giant*. C'est la seule éducation que tu reçois.»

Nous sommes restés silencieux pendant que je cherchais une issue au petit coin moralisateur dans lequel je m'étais peinturé. «Tu connais Dennis Hopper?»

— Le gars dans *Apocalypse Now*.

— Je l'ai interviewé une fois. Je lui ai demandé quel était son acteur préféré. Je pensais qu'il allait dire Marlon Brando. Mais non. Il a dit James Dean. Tu sais ce qu'il a dit aussi? Il a dit que le plus beau jeu d'acteur qu'il ait vu, c'était cette scène avec James Dean et la corde.

— Pour vrai?

— Pour vrai.

J'ai attendu un moment. «Tu connais l'histoire de James Dean, non? Fait trois films puis meurt dans un accident de voiture.»

— Il avait quel âge?

— Début vingtaine.

— Il était saoul?

— Non, il allait trop vite. *Giant* était son dernier film. Il a jamais pu le voir.

Il a réfléchi à tout ça un moment. «Puis toi, p'pa? Qui est le meilleur acteur selon toi?»

— Brando. La scène dans *On the Waterfront*. C'est complètement improvisé quand il prend le gant de la fille puis qu'il l'enfile. Impossible de faire mieux. On devrait le regarder encore.

J'ai continué en disant, en répétant plutôt, ce que mes maîtres m'avaient dit à l'université: que quand on regarde un film pour la deuxième fois, il s'agit en fait de la vraie première fois. Il faut connaître la fin pour pouvoir apprécier la beauté de l'échafaudage depuis le début.

Il ne savait pas quoi répondre – il était encore dans l'eau chaude à cause de *Giant* – alors il a dit «O.K.».

Je choisissais les films au hasard, sans ordre particulier; en gros, ils devaient être bons, des classiques, si possible, mais séduisants, ils devaient le tirer hors de ses pensées au moyen d'une bonne intrigue. Ça ne servait à rien, du moins à ce moment-ci, de lui montrer des trucs comme *8 ½* de Fellini (1963). Ils viendraient plus tard, ces films. (Ou pas.) Je n'essayais pas d'être insensible à son plaisir, à son désir d'être diverti. Il faut commencer quelque part; si on veut donner le goût de la littérature à quelqu'un, on ne lui donne pas *Ulysse* pour commencer – même si, pour être honnête, l'idée d'une vie sans *Ulysse* me semble parfaitement acceptable.

Le lendemain, j'ai choisi *Notorious* (1946) d'Alfred Hitchcock: à mon humble avis, le meilleur de tous les Hitchcock. Ingrid Bergman, plus belle que jamais, plus vulnérable que jamais, joue la fille d'un espion allemand qui est «prêtée» à un groupe de nazis basé en Amérique du Sud. Cary Grant joue son agent américain qui tombe amoureux d'elle alors même qu'il l'envoie épouser le chef de la bande. L'amertume de Grant, les faibles espoirs de Bergman pour qu'il renonce au stratagème et l'épouse lui-même donnent à l'histoire une formidable tension romantique. Mais essentiellement, il s'agit d'un classique du suspense. Les nazis découvriront-ils la vraie nature de la mission de Bergman? Grant arrivera-t-il à temps pour la sauver? Les cinq dernières minutes sont haletantes, la première fois qu'on les voit.

J'ai d'abord commencé par une brève introduction à Hitchcock, Jesse comme toujours assis du côté gauche du divan, un café à la main. J'ai dit que Hitchcock était un réalisateur britannique, un peu un enculé sur les bords, qui entretenait des relations plutôt malsaines avec ses actrices blondes. (Je voulais capter son attention.) J'ai continué en disant qu'il avait fait une demi-douzaine de chefs-d'œuvre, ajoutant, inutilement, que ceux qui n'étaient pas d'accord avec ça n'étaient sans doute pas des cinéphiles. Je lui ai demandé de surveiller quelques trucs dans le film. L'escalier dans la maison du méchant à Rio de Janeiro. Quelle longueur avait-il? Combien de temps fallait-il pour le descendre? Je ne lui ai pas dit pourquoi.

Je lui ai demandé de prêter attention au dialogue subtil, presque suggestif, de ne pas oublier que le film datait de 1946. Je lui ai demandé de remarquer une séquence très connue qui commence en haut d'une salle de bal et qui descend lentement vers un groupe de convives pour terminer sur un gros plan du poing serré d'Ingrid Bergman. Que tient-elle? (La clé du cellier qui contient la preuve des méfaits des nazis cachée dans des bouteilles de vin.)

J'ai continué en disant qu'un bon nombre de critiques reconnus soutiennent que Cary Grant a peut-être été le meilleur acteur de l'histoire, parce qu'il pouvait «incarner le bien et le mal simultanément».

— Tu sais ce que ça veut dire, «simultanément»?

— Ben oui.

Je lui ai montré un article du *New Yorker* écrit par Pauline Kael au sujet de Cary Grant. «Il n'est peut-être pas capable de beaucoup, mais le peu qu'il fait, personne d'autre n'a jamais été capable de le faire aussi bien; et grâce à son absence d'agressivité et à sa malicieuse acceptation de sa propre bêtise, nous nous reconnaissons, idéalisés, en lui.»

Puis j'ai fait ce que j'aurais aimé que mes professeurs de secondaire fassent plus souvent: je me la suis fermée et j'ai mis le film en marche.

Pendant que des travailleurs de la construction s'affairaient dans l'église de l'autre côté de la rue (ils la transformaient en condos), voici ce qu'on entendait:

INGRID BERGMAN (*en embrassant Grant*): Quelle étrange histoire d'amour.

GRANT: Pourquoi?

BERGMAN: Peut-être à cause du fait que tu ne m'aimes pas.

GRANT: Quand je ne t'aimerai pas, je te le ferai savoir.

Jesse m'a regardé plusieurs fois, souriant, hochant de la tête, montrant qu'il comprenait. Nous sommes allés sur la véranda après; il voulait une cigarette. Nous avons regardé les travailleurs de la construction un moment.

— Puis, t'en as pensé quoi? ai-je demandé, d'une voix détachée.

— Bon.

Pof, pof. Cogne, cogne de l'autre côté de la rue.

— As-tu remarqué l'escalier dans la maison?

— Ouais.

— As-tu remarqué, à la fin du film? Quand Cary Grant et Bergman essaient de quitter la maison, qu'on sait pas s'ils vont réussir à se sauver ou non?

Il avait l'air pris au piège. «Non, j'ai pas remarqué.»

— Il est plus long! Hitchcock a construit un deuxième escalier pour la scène finale. Tu sais pourquoi?

— Pourquoi?

— Parce que comme ça, ça allait leur prendre plus de temps à le descendre. Tu sais pourquoi il voulait ça?

— Pour que ça fasse plus «suspense»?

— Peux-tu dire maintenant quelle est la spécialité de Hitchcock?

— Le suspense?

Je savais qu'il fallait que je m'arrête là. Je me suis dit: Tu lui as appris quelque chose aujourd'hui. Va pas tout gâcher. J'ai dit: «C'est tout pour aujourd'hui; l'école est finie.»

Était-ce de la gratitude que je pouvais lire sur son jeune visage? Je me suis levé de la chaise et me suis dirigé vers l'intérieur. «Mais y a une chose, p'pa. Tu sais, la fameuse séquence, celle au party où Bergman a la clé dans sa main?»

— Tous les étudiants en cinéma l'analysent.

— Elle est pas mal, mais franchement, je l'ai pas trouvée si spéciale.

— Vraiment?

— Toi, qu'est-ce t'en penses?

J'y ai pensé une minute. «Moi non plus», ai-je dit, avant de rentrer.

4

Jesse s'est fait une copine, Claire Brinkman ; c'était une charmante optimiste avec des taches de rousseur qui adorait ses parents, aimait l'école, était la présidente du club de musique classique, faisait du théâtre amateur, jouait au hockey sur gazon, filait à travers la ville sur des rollerblades et s'était probablement, je le craignais, disqualifiée des fantasmes de Jesse parce qu'elle n'était pas assez chiante. D'ailleurs, personne ne peut se mesurer à un fantôme, et le fantôme de Rebecca Ng faisait tout un vacarme le soir dans la maison, un vrai *poltergeist*.

En juin nous sommes allés à Cuba, les trois, Maggie, Jesse et moi. Un père et une mère divorcés qui prennent des vacances avec leur fils bien-aimé. Ma femme, la seule personne à avoir un travail régulier, restait chez Maggie. Vu de l'extérieur, ou pour les amis – parfois impitoyables – de Tina, ça devait sembler assez particulier, ce petit voyage en famille, mais Tina le comprenait, elle comprenait que l'époque où Maggie et moi nous glissions dans le lit l'un de l'autre était depuis longtemps révolue. Mais tout de même, juste le fait qu'elle puisse rester en arrière, dans la maison de mon ex, pendant que le reste de la famille se tirait en douce dans les Caraïbes… La vie peut être si surprenante.

C'était un truc de dernière minute. Alors même que je venais de rendre l'âme, que j'avais passé plusieurs minutes ce matin-là, impuissant, à donner des coups de pied dans le mobilier et à beugler mes vicissitudes de chômeur à Tina (le boulot à la chaîne de documentaires avait flotté, ventre en l'air, à la surface), j'ai reçu un message sur la boîte vocale. D'un Sud-Africain courtaud, cramoisi et passif-agressif nommé Derek H. Il produisait un documentaire d'une heure sur, incroyable mais vrai, le Viagra, et voulait savoir si j'étais intéressé à «en être le visage». Quinze mille beaux dollars, voyages à Philadelphie et à New York avec quelques semaines à Bangkok où, selon Derek, des vieillards étaient en train de «forniquer à mort, littéralement».

Nous avons «tenu un meeting», j'ai rencontré l'équipe, choisi un hôtel près du fleuve à Bangkok et discuté de l'échéancier. Début juillet. Poignées de mains à gauche, à droite. Je suis sorti ce soir-là, suis rentré joyeusement saoul, à en marcher à quatre pattes, et j'ai été visité par cette vision de Jesse, sa mère et moi allant à Cuba.

Le jour du départ, Claire Brinkman est passée dire au revoir sur ses patins à roues alignées ; elle est arrivée juste avant la limo. Ses yeux rougis m'ont un peu inquiété.

Nous avions deux chambres de luxe à l'hôtel Parque Central dans le vieux Havane. Piscine sur le toit, peignoirs épais dans la commode, buffet digne d'un banquet romain tous les matins. La dépense rendait

Maggie nerveuse – c'était une petite fille des Prairies dont le cœur défaillait quand un appel interurbain durait plus d'une minute –, mais j'avais insisté. D'ailleurs, combien de voyages allions-nous faire, encore, avec notre fils? Combien de temps allait-il accepter de voyager avec ses parents?

C'est arrivé lors de notre troisième soirée là-bas. L'après-midi, j'avais emmené Jesse au Musée de la Révolution, regardé le bateau dans lequel Castro et ses quatre-vingt-huit révolutionnaires étaient revenus en douce à Cuba, vu une photo de Che Guevara mort; nous avions eu un souper arrosé sur le balcon d'une résidence privée surplombant le Prado, avions dévalé, tous les trois, la Calle Obispo pour prendre un dernier verre, des mojitos dans une petite boîte de nuit aux murs tachetés de mouches et où des musiciens chauffaient la salle; et enfin, quand mes yeux sont devenus lourds d'alcool et de chaleur, nous sommes rentrés à l'hôtel. Il était presque trois heures du matin. Maggie est allée dans sa chambre. Jesse et moi avons regardé un peu de télé. Puis c'était l'heure du dodo.

— Je peux laisser la télé allumée sans le son? a demandé Jesse.

— Pourquoi tu lis pas quelque chose à la place?

Nous avons éteint les lumières; je pouvais le sentir, là, éveillé, agité. Finalement, j'ai rallumé. «Jesse!»

Il ne pouvait pas dormir. Il était trop excité. Pouvait-il sortir dehors et fumer une cigarette? Juste là, de l'autre côté de la rue, sur le banc de parc? Tu peux le voir d'ici, p'pa. J'ai fini par accepter.

Il s'est habillé en vitesse et a filé. Je suis resté allongé quelques minutes, j'ai éteint la lumière, puis je l'ai rallumée. Me suis levé, dirigé vers la fenêtre que j'ai ouverte. La climatisation s'est arrêtée. La chambre a été plongée dans le silence. Soudain, on pouvait tout entendre très distinctement, les cigales, quelques voix en espagnol, une voiture passant lentement. Un chariot du service aux chambres dans le couloir de l'autre côté de la porte, des tasses s'entrechoquant.

Je me tenais à la fenêtre, regardais en direction du parc sombre. Des silhouettes se mouvaient dans l'ombre. Des putes marchaient lentement entre les arbres, fumaient une cigarette près de la statue. Au loin se détachait le dôme du Musée de la Révolution.

Jesse est entré dans mon champ de vision sur le trottoir en bas, pantalon baggy, casquette de baseball retournée. Il s'est allumé une cigarette comme s'il était dans un film, a regardé à gauche, à droite (je l'ai surpris en train de faire son air «miroir»), puis il s'est dirigé vers le banc de parc. Comme j'allais lui crier de faire attention, un homme à la peau foncée et à la chemise jaune est sorti de l'obscurité. Il s'est dirigé droit sur Jesse, main tendue. J'ai attendu de voir si Jesse allait la serrer. Ce qu'il a fait. Erreur. Deux autres Cubains se sont matérialisés, souriant, hochant de la tête, se tenant trop près de lui. Pointant vers le haut de la rue. Difficile à croire (je me pinçais), mais ils se sont éloignés, Jesse parmi eux, et ont traversé le parc en diagonale.

J'ai mis mes vêtements et pris l'ascenseur. Je suis arrivé dans le hall, une grande pièce, haut plafond, plancher de marbre, froid comme une patinoire, muzak en sourdine, deux gardiens de sécurité en costumes gris avec des radios portatives près de la porte d'entrée. Ils m'ont salué et, bzzz, m'ont ouvert la porte. Dehors, l'air chaud m'a saisi.

J'ai traversé la rue et suis entré dans le parc. Une pute m'a repéré. Elle s'est levée d'un banc comme une volute de fumée et s'est avancée vers moi. J'ai dit non merci puis j'ai traversé le parc en cherchant Jesse du regard. Il avait sûrement emprunté une petite rue avec ses nouveaux amis. Mais laquelle?

Je longeais le côté est du parc, près des taxis et des *cocos*, quand j'ai remarqué, derrière la végétation, une rue qui bordait le grand théâtre de la ville. Une vive lumière à l'autre bout. Je l'ai empruntée jusqu'à ce que j'arrive à un bar à ciel ouvert. La place était vide à part Jesse attablé devant une bière, les trois escrocs assis tout près de lui. Il avait l'air un peu inquiet, comme s'il se rendait compte, progressivement, que ça clochait, cette histoire. Je me suis approché. «Je peux te parler une seconde?»

L'escroc à chemise jaune m'a demandé: «Toi, le papa?»

— Oui.

J'ai dit à Jesse: «Faut que je te parle.»

— Ouais, O.K.

Il s'est levé en quatrième vitesse. Chemise Jaune l'a suivi jusque dans la rue, il rôdait tout près, essayait d'écouter. J'ai dit: «Ces gars-là sont pas tes amis.»

— Je fais juste prendre une bière.

— Tu vas finir par payer pour bien plus qu'une bière. Tu leur as acheté quelque chose?

— Pas encore.

Le propriétaire est sorti du bar, un homme court sur pattes, très calme. Il n'avait pas l'air surpris par tout cela. Il est venu près de Jesse et l'a pris par la manche.

— Qu'est-ce que vous faites?

Le gars n'a rien répondu. Il continuait de marcher vers le bar en tenant Jesse par son chandail. J'ai senti mon cœur s'emballer de façon inquiétante. Ça y est. Fuck, ça y est.

Je lui ai dit en espagnol : « Il vous doit combien ? »

Il avait ramené Jesse dans le bar. Il a dit : « Dix dollars. »

— C'est pas mal cher, pour une bière.

— C'est le prix.

— Tenez.

J'ai mis un billet de cinq dollars américains sur la table.

Mais le barman a dit : « Il a commandé un rhum. Je l'ai déjà préparé. »

— Vous voulez dire que vous l'avez versé ?

— Même chose.

J'ai demandé à Jesse : « T'as touché à ce verre ? »

Il a secoué la tête, il avait peur maintenant.

J'ai dit : « Suis-moi » et nous avons commencé à marcher. Les escrocs nous ont poursuivis. L'un d'eux s'est mis devant moi. Il a dit : « Il a commandé un verre. Il faut qu'il paye. »

J'ai essayé de le contourner mais il s'est mis devant moi à nouveau.

— Je vais appeler la police, ai-je dit.

Il m'a répondu : « O.K., vas-y. » Mais il a reculé.

Nous avons continué de marcher, l'escroc qui bondissait autour de nous, tirait sur ma manche, ses amis qui suivaient derrière, moi qui disais à Jesse : « Quoi qu'il arrive, continue de marcher. » Nous avons traversé le parc, presque à la course, Jesse collé contre moi, puis quand j'ai pu voir la porte, j'ai dit : « Cours. »

Nous avons traversé la rue en courant, puis le perron de l'hôtel pour enfin nous engouffrer dans l'entrée de nuit. Mais ils nous ont suivis, jusque dans le hall. Toujours en mouvement, j'ai dit au gars à la chemise jaune : « Tu ferais mieux de foutre le camp. » Mais il n'avait peur de rien. La porte de l'ascenseur s'est ouverte ; il a essayé d'y entrer avec moi et Jesse, ses potes toujours dans le hall.

Les agents de sécurité sont sortis de nulle part. Il y a eu du brouhaha en espagnol, les portes se sont fermées. Nous sommes montés, trois étages, Jesse ne disait rien. Il me lançait des coups d'œil inquiets. Se regardait dans le miroir, faisait toujours ce même air. Il pensait que j'étais en furie contre lui, ce que j'étais, dans l'absolu, mais ce qu'il ne savait pas c'est que j'éprouvais aussi une sorte d'exaltation. J'avais, aussi sentimental que ça puisse sembler, enfourché mon cheval et m'étais lancé à sa rescousse. Je l'avais bien servi, je l'avais protégé, j'avais fait mon devoir. J'étais, en fait, secrètement heureux de la manière dont les choses s'étaient déroulées. Passé un certain âge, on n'a plus souvent l'occasion de faire ce genre de chose pour nos enfants ; on a ce feu en nous, et presque rien à faire avec.

Nous étions trop énervés pour nous coucher ou regarder la télé. Pour être franc, j'aurais tué pour un verre. « On devrait peut-être aller voir si on pourrait pas se boire une bière. »

Nous avons attendu dix ou quinze minutes puis nous avons mis le nez dehors ; aucune trace de Chemise Jaune. Nous nous sommes hâtés le long du parc, avons longé les boutiques de la Calle Obispo puis emprunté une rue étroite en direction de la mer. La vieille ville flottait dans une sphère de chaleur silencieuse. «Ernest Hemingway venait boire ici», ai-je dit en passant devant la façade sombre du El Floridita. «C'est un attrape-touriste maintenant, dix dollars la bière, mais dans les années cinquante, c'était supposément le meilleur bar en ville.»

Nous sommes passés devant quelques cafés grillagés, des endroits qui avaient grouillé de vie, pleins d'airs de guitare et de fumée de cigares, quelques heures plus tôt. Puis devant une pharmacie à l'ancienne, boiseries sombres, des rangées et des rangées de pots de terre cuite sur le mur.

Bien vite nous étions devant l'ancien hôtel d'Hemingway, l'Ambos Mundos, au coin de la rue. «Il a écrit ses pires trucs ici, au cinquième étage.»

— C'est bon, Hemingway? m'a demandé Jesse.

— À quoi t'as bien pu penser là-bas, Jesse? Suivre des arnaqueurs comme ça?

Il n'a rien répondu. Je voyais qu'il courait en tous sens dans sa tête, ouvrait des portes et des armoires pour trouver la bonne réponse.

— Dis-moi, l'ai-je invité doucement.

— Je me disais que je vivais une aventure. Fumer une cigarette et boire du rhum dans une ville étrangère, tu comprends?

— Tu pensais pas que c'était louche, leur affaire, des gars super amicaux à trois heures du matin?

— Je voulais pas leur faire de peine.

(Il est tellement jeune, encore, ai-je pensé. Ce grand corps, ce vocabulaire. C'est trompeur.)

— Ces gars-là sont habitués à culpabiliser les gens. C'est ce qu'ils font de leurs journées. C'est leur job.

Nous avons marché encore le long de cette rue. Lampadaires jaunes dans les airs, balcons penchés au-dessus de la rue, du linge suspendu, immobile, comme des gens qui attendent. «Si tu veux lire du Hemingway, lis *The Sun Also Rises*. Quelques-unes de ses nouvelles aussi. Le reste est un peu timbré.» J'ai jeté un regard autour. On pouvait sentir l'odeur de la maçonnerie décrépite, entendre les vagues se briser contre la digue de l'autre côté de l'Avenida del Puerto. Mais aucun bar. «Ils disent qu'on peut tout trouver, à toute heure, à La Havane, ai-je dit. Mais apparemment, c'est faux.»

À l'intérieur de l'Ambos Mundos, on voyait l'employé de nuit qui parlait à une jolie fille.

Nous nous sommes engagés dans une étroite rue pavée vers l'est, les immeubles d'appartements aux murs pastel effrités de chaque côté, d'épaisses vignes en cascade, une brillante pleine lune au-dessus; aucune étoile, juste cette pièce de monnaie brillante au beau milieu du ciel noir. On était au mitan de la nuit. Nous avons débouché sur une place, une cathédrale brun sale accroupie d'un côté, un café illuminé de l'autre, trois ou quatre tables installées presque au milieu de la place. Nous nous sommes assis. Un serveur en veste blanche s'est extirpé du bar vivement éclairé et s'est approché.

— *¿Señores?*

— *Dos cervezas, por favor.*

Et elles sont arrivées, deux bières bien froides à quatre heures du matin.

— Je suis désolé pour tout ça, à l'hôtel.

— Il y a quelques principes inviolables dans l'univers, ai-je dit, soudainement loquace (j'étais ravi d'être là où nous étions). La première, c'est qu'un trou de cul te donnera jamais quoi que ce soit qui en vaille la peine. La deuxième, c'est que quand un inconnu se dirige vers toi avec la main tendue, c'est pas parce qu'il veut être ton ami. Tu me suis?

On aurait dit qu'un djinn assoiffé s'était joint à nous, les bouteilles de bière s'étaient vidées de leur contenu. « On devrait peut-être remettre ça ? » ai-je dit. J'ai fait signe au serveur en levant la main et en remuant deux doigts dans l'air juteux. Il est revenu.

— Comment faites-vous pour les garder si froides ?

— *¿ Qué ?*

— Laissez tomber, *no importa*.

Un oiseau a gazouillé dans un arbre tout près.

« Le premier de la journée », ai-je dit. J'ai regardé Jesse. « Tout va bien avec Claire Brinkman ? » Il s'est avancé sur sa chaise, le visage assombri. « C'est pas de mes affaires, ai-je dit doucement. C'était juste pour parler. »

— Pourquoi tu me demandes ça ?

— Elle avait l'air un peu perturbée quand on est partis, c'est tout.

Il a pris une violente tétée de sa bière. En un instant, j'ai vu dans ce geste la façon dont il buvait avec ses amis. « Je peux te parler franchement, p'pa ? »

— Dans la limite du raisonnable. Rien de déplacé.

« Claire est un peu dans le genre bizarre. » Quelque chose de froid, de pas très beau est passé sur son visage, comme un rat dans une maison neuve.

« Faut y aller gentiment avec Claire. Elle l'a pas eue facile. » Son père, un sculpteur que j'avais connu au secondaire, s'était pendu avec une corde à linge quelques années plus tôt. C'était un ivrogne, un faux-cul, un gros con, pour tout dire. C'était bien son genre de se tuer sans accorder la moindre pensée à ses enfants, à l'effet que ça aurait sur eux.

— Je sais tout ça, a dit Jesse.

— Eh bien, enlève tes gros sabots.

Un autre oiseau s'y est mis, cette fois derrière la cathédrale.

— C'est juste que je l'aime pas tant que ça. Je devrais, mais ça marche pas.

— Es-tu coupable de quelque chose, Jesse? T'as l'air d'avoir volé le collier de ta grand-mère.

— Non.

— C'est pas juste, d'en vouloir à Claire parce que tu l'aimes pas plus que ça. Même si je sais que c'est tentant.

— T'as déjà ressenti ça?

— C'est de la déception.

J'ai pensé que ça allait se terminer là-dessus, mais il y avait comme un mince fil qui dépassait à ce moment-là, qui n'avait besoin que d'un petit coup pour que le reste – ça pouvait être n'importe quoi – puisse sortir. Et le silence semblait être propice.

Le ciel avait maintenant pris une teinte riche, bleu sombre, une ligne rouge courant à l'horizon. Tant de beauté extraordinaire, j'ai pensé, partout dans ce monde. C'est parce qu'un Dieu existe, je me demandais, ou bien c'est simplement le résultat de millions et de millions d'années de hasard absolu? Ou encore c'est le genre de choses auxquelles on pense quand on est heureux à quatre heures du matin?

J'ai appelé le serveur. «Vous avez des cigares?»

«*Si, señor.*» L'écho de sa voix résonnait dans la place vide. Il a sorti une paire de cigares d'un bocal sur le comptoir et nous les a apportés. Dix dollars chacun. Mais où trouver des cigares à cette heure-ci?

— J'ai parlé à une autre fille, au téléphone, a dit Jesse.

— Ah.

J'ai mordu l'extrémité d'un cigare et le lui ai tendu.

— Qui?

Il a dit un nom que je ne connaissais pas. Il a l'œil furtif, l'air malhonnête, ai-je pensé.

— Juste une fois ou deux, a-t-il dit.

— Hm-hmmm.

Pof, pof. Il évitait mon regard. «Je suis trop jeune pour m'en tenir à une personne, tu trouves pas?»

— C'est pas la question...

L'instant d'après, nous entendions quelques pincements de cordes. Un jeune homme était assis sur le porche de la cathédrale, penché sur sa guitare dont il grattait doucement les cordes. Dans la lumière bleue du petit matin, il me faisait penser à un tableau de Picasso.

— Peux-tu croire ça? As-tu déjà vu quelque chose d'aussi... (il cherchait le mot)... d'aussi parfait?

Nous avons fumé nos cigares en silence quelques minutes, les notes de guitare suspendues dans l'air doux de l'été.

— P'pa? a-t-il demandé soudainement.

— Oui?

— La fille que j'ai appelée, c'est Rebecca.

«Je vois.» Pause. Pof. Cuicui. «C'était pas cette autre personne que tu as nommée.»

— Je voulais pas que tu penses que j'étais un loser. Que j'étais obsédé par Rebecca Ng.

Le ciel s'est adouci en un bleu plus clair; la lune pâlissait; gratte, gratte, la guitare. «Est-ce que je suis obsédé par Rebecca?» a-t-il demandé.

— Y a rien de mal à être obsédé par une femme, Jesse.

— Ça t'est déjà arrivé?

— Je t'en prie. Lance-moi pas sur le sujet.

— Je l'ai pas dit à m'man. Elle va se mettre à pleurer et à me parler des sentiments de Claire. T'es surpris?

— Pour Rebecca? Non. J'ai toujours pensé que tu nous préparais une surprise avec celle-là.

«Tu pensais ça? Pour vrai?» L'idée l'excitait et j'ai brusquement été saisi d'une pointe d'angoisse, comme si je le regardais conduire une voiture qui accélérait graduellement en direction d'un mur de ciment.

— Est-ce que je peux juste te dire une chose?

— Bien sûr.

«Les histoires d'amour qui naissent dans le sang ont tendance à finir dans le sang.»

Le serveur s'est approché et a ramassé quelques chaises à la table à côté pour les rentrer dans le café.

— Fuck, p'pa!

5

À MON RETOUR DE CUBA, j'étais assez surpris de ne pas avoir de message téléphonique de Derek H. Le tournage du documentaire sur le Viagra devait commencer dans un mois ; il n'y avait pas de script final. J'ai attendu une journée, puis une autre avant de lui envoyer un courriel guilleret. (Je déteste prendre ce ton de fausse camaraderie.) Sa réponse est arrivée presque aussitôt. On venait de lui offrir un deux heures sur Nelson Mandela : interview à volonté de l'homme, de son ex-femme, de ses compagnons de prison. Le facteur temps entrait en ligne de compte : Mandela avait quatre-vingt-six ans ; j'allais sans doute comprendre. Il était, concluait Derek, affreusement désolé mais il n'avait «tout simplement pas le temps».

J'étais K.O. Et complètement fauché après le petit voyage de célébration à Cuba. Je sentais aussi que je m'étais fait avoir. Que j'avais été attiré dans un projet frivole et sordide qui me donnait l'air d'un con. Je me suis souvenu des mots prononcés à l'endroit de Jesse devant la cathédrale, le zèle missionnaire avec lequel je les avais dits : «Un trou de cul te donnera jamais quoi que ce soit qui en vaille la peine.»

J'ai arpenté le salon de long en large, les poings serrés, en jurant de me venger; Jesse écoutait en silence, engourdi de culpabilité, je suppose. Je me suis couché ivre, me suis réveillé à quatre heures du matin pour pisser; en tirant la chasse, ma montre a glissé de mon poignet et a tourbillonné avec le reste. Je me suis assis sur la toilette et j'ai versé quelques larmes en solitaire. Je venais donc de laisser Jesse décrocher de l'école, et là je me rendais compte que je ne pouvais même pas m'occuper de moi-même. Un faux-cul, exactement comme le père de Claire Brinkman.

Au matin, j'ai senti une terreur se répandre dans ma poitrine, comme du poison. Mon cœur palpitait; une ceinture semblait vouloir se serrer, lentement, autour de moi. Je n'en pouvais plus. Pour bouger un peu, pour m'occuper, j'ai enfourché ma bicyclette et pédalé jusqu'au centre-ville. C'était un jour d'été funèbre, plein de moiteur et de gens repoussants. Je marchais à côté de ma bicyclette dans une ruelle lorsque j'ai remarqué un courrier à vélo qui roulait tranquillement dans ma direction. Il portait des lunettes de soleil, un gros sac lancé sur l'épaule, des gants de cycliste. Mais ce qui m'intéressait chez lui, c'était qu'il avait l'air d'avoir mon âge. «Excuse-moi, dis-je, t'es courrier à vélo?»

— Oui.

Je lui ai demandé s'il avait un peu de temps pour quelques questions. Combien faisait-il? Environ 120 dollars par jour. Par *jour*? Ouaip, en poussant un peu. Je lui ai demandé pour qui il travaillait, le nom de la compagnie. C'était un gars détendu avec des dents parfaitement blanches.

— Penses-tu que je pourrais trouver du boulot à ta compagnie?

Il a soulevé ses lunettes et m'a regardé avec ses yeux bleu clair. «T'es pas le gars de la télévision?»

— En ce moment, non.

— Je t'écoutais tout le temps. J'ai vu ton interview avec Michael Moore. Un vrai trou de cul.

— Puis, qu'est-ce t'en dis?

Il a regardé vers le fond de la ruelle en fronçant les sourcils. Il a dit: «Tu sais, y a un âge limite. Faut avoir moins de cinquante ans.»

— As-tu moins de cinquante ans?

— Non, mais ça fait un bail que je travaille là.

— Peux-tu me rendre un service? Peux-tu parler à ton patron pour moi? Dis-lui que je niaise pas: je vais rester au moins six mois, je suis vraiment en forme.

Il a hésité. «Ça, ça va être une drôle de conversation.»

J'ai écrit mon nom et mon numéro de téléphone et lui ai donné.

— Je te serais reconnaissant.

Une journée est passée, puis quelques jours, puis rien; le gars ne m'est jamais revenu.

— Peux-tu croire ça? disais-je à Tina. Je peux même pas travailler comme courrier à vélo.

Au beau milieu d'un déjeuner silencieux le lendemain matin, je me suis levé de ma chaise et suis retourné au lit, tout habillé. J'ai tiré les couvertures par-dessus ma tête et j'ai essayé de me rendormir. Quelques minutes plus tard, je sentais une présence aussi légère qu'un oiseau sur le bord du lit.

— Je peux t'aider avec tout ça. Mais il faut que tu me laisses faire. Tu peux pas te mettre à m'engueuler.

Une heure plus tard, elle me remettait une liste de vingt noms. Rédacteurs en chef, réalisateurs télé,

relationnistes, rédacteurs de discours, même des poli-
ticiens du coin. Elle a dit : « Il faut que tu appelles ces
gens et que tu leur dises que tu cherches du travail. »

— Je l'ai déjà fait.

— Non. Tout ce que t'as fait, c'est appeler tes vieux
chums.

J'ai lu le premier nom sur la liste. « Pas ce chien
galeux. Pas lui ! »

« Chut », elle m'a fait. « T'as promis qu'y aurait pas
d'engueulade. »

Alors je me la suis fermée. Je me suis donné un jour
de répit puis je me suis assis à la table de la cuisine
et j'ai commencé à faire ces appels. Et à ma grande
surprise, elle avait raison. La plupart des gens étaient
corrects. Ils n'avaient rien pour moi dans le moment
mais ils étaient aimables, encourageants.

Plein d'optimisme ravigoté (faire des appels, c'est
mieux que d'attendre), j'ai dit à Jesse : « C'est mon
problème, pas le tien. » Mais ce garçon n'est pas un
abruti ou un parasite et je voyais bien qu'il marchait
sur des œufs à cause de cette « situation », qu'il se
faisait petit quand venait le temps de me demander
dix dollars pour ci, dix dollars pour ça. Que pouvait-il
faire d'autre ? Il n'avait pas un sou. Sa mère donnait un
coup de main mais c'était une actrice, une actrice de
théâtre, en plus. Et ce n'était certainement pas à Tina
de piger dans ses réserves (commencées à seize ans)
pour faire vivre mon fils à qui j'avais moi-même
inculqué l'attitude libre-comme-l'air, t'inquiète-
pas-*man*. Au beau milieu de la nuit (à une heure où il
est contre-productif de réfléchir à quoi que ce soit), je
me suis demandé à quel point les choses deviendraient
désagréables, à quel point l'atmosphère deviendrait

toxique à cause de l'argent, si ma chance ne tournait pas bientôt.

———————

Le ciné-club a repris. Pour inciter Jesse à regarder plus de films sans faire trop scolaire, j'ai inventé le jeu «Repère le grand moment». À savoir la scène ou le bout de dialogue ou l'image qui fait se dresser sur son siège, qui fait palpiter le cœur. Pour commencer, un facile : *The Shining* (1980) de Stanley Kubrick, l'histoire d'un écrivain raté (Jack Nicholson) qui, dans un hôtel désert, sombre lentement dans la folie et essaie d'assassiner sa famille.

The Shining est probablement le meilleur film de Kubrick. Mais Stephen King, l'auteur du roman, l'a détesté, et il n'aimait pas Kubrick. Il n'était pas le seul ; Kubrick était reconnu pour être un homme difficile, imbu de lui-même, qui forçait les acteurs à faire et à refaire les prises, encore et encore, pour des résultats discutables. Quand il tournait la scène où Jack Nicholson attaque Scatman Crothers avec une hache, Kubrick les a fait recommencer quarante fois ; finalement, voyant que Crothers, soixante-dix ans, était visiblement épuisé, Nicholson a dit à Kubrick que c'était assez, il ne le ferait pas une fois de plus.

Plus tard dans le tournage, Jack a dû poursuivre sa femme (Shelley Duvall) cinquante-huit fois en haut des escaliers avant que Kubrick soit content. (Est-ce que ça en valait la peine ? La deuxième ou troisième prise aurait-elle pu faire l'affaire ? Probablement.)

Mais plus intéressant est le fait que Stephen King croyait que Kubrick ne s'y connaissait pas en horreur, ne savait pas comment « ça marchait ». King avait assisté à une avant-première de *The Shining* et il en était sorti dégoûté ; il a dit que le film était comme une Cadillac sans moteur. « On monte à bord, on sent l'odeur du cuir, mais on ne peut aller nulle part. » En fait, il est même allé jusqu'à dire que Kubrick faisait des films « pour faire mal aux gens ».

Je suis un peu d'accord avec ça mais j'adore *The Shining* ; j'adore comment c'est tourné, comment c'est éclairé, j'aime le son des roues du tricycle qui passe du tapis au bois franc au tapis. J'ai toujours peur quand les petites jumelles apparaissent dans le couloir. Mais le grand moment que j'ai choisi était la scène où Jack Nicholson hallucine une conversation entre lui et un serveur de l'hôtel, un genre de majordome British très rigide. Ça se passe dans une salle de bain violemment éclairée – orange électrique et blanc. Le dialogue semble innocent au début mais bien vite le serveur prévient Jack que son petit garçon « cause des soucis », que peut-être il faudrait qu'on « s'en charge ». Le serveur (Philip Stone) vole la vedette avec son immobilité parfaite et son jeu monocorde ; regarde-le fermer ses lèvres sèches à la fin de chaque phrase. C'est comme une ponctuation délicate, et vaguement obscène.

Lui-même avait eu des problèmes avec ses fillettes, confie le serveur. L'une d'elles n'aimait pas l'hôtel et avait essayé de le brûler. Mais il l'a « corrigée » (avec une hache). « Et quand ma femme a essayé de m'empêcher de faire mon devoir, je l'ai "corrigée". » Une performance irréprochable. Contrairement à celle de Jack qui a mal vieilli depuis mon premier visionnement en 1980. Aujourd'hui il semble cabotin, presque amateur, étrangement mauvais, surtout quand on le compare à l'acteur anglais au self-control exquis.

Mais ce n'était pas le grand moment de Jesse; il a plutôt choisi celui où le petit garçon se glisse en douce dans la chambre de son père pour reprendre un jouet et trouve son père, assis sur le lit, le regard absent. Jack demande à son fils d'approcher et le petit s'assoit prudemment sur les genoux de son père. Il regarde le visage barbu et les yeux bouffis de Jack – dans sa robe de chambre bleue, Nicholson est aussi pâle qu'un cadavre – et lui demande pourquoi il ne dort pas.

Après une pause vient une réponse glaciale: «J'ai trop de choses à faire.» Ce qui veut dire, en déduit-on, tronçonner sa famille comme l'avait fait le serveur.

— Celle-là, a murmuré Jesse. On peut la remettre?

On a regardé *Annie Hall* (1977) pour, entre autres, la scène où Diane Keaton chante *Seems Like Old Times* dans un bar obscur. Keaton est filmée légèrement de côté et semble regarder quelqu'un en coulisses. C'est une scène qui me donne la chair de poule – on dirait qu'elle chante la chanson en soulignant les moments dramatiques avec les yeux. C'est aussi un accomplissement dans la vie du personnage, Annie Hall, une chanteuse débutante qui prend son premier envol avec un mélange d'appréhension et de confiance.

Certains films te laissent tomber; tu devais être en amour ou en peine d'amour, tu devais être remonté à propos de quelque chose quand tu l'as vu parce que aujourd'hui, depuis une autre trajectoire, la magie a disparu. Je lui ai montré *Around the World in 80 Days* (1956) qui, avec son incroyable prise de vue d'un ballon flottant au-dessus de Paris au soleil couchant, m'avait emballé quand j'avais son âge mais qui me semblait aujourd'hui atrocement dépassé et ridicule.

Mais d'autres films marchent encore, donnent encore le frisson des années et des années plus tard. J'ai montré *Mean Streets* (1973) à Jesse, un film que Martin Scorsese a fait au tout début de sa carrière. Ça parle de grandir dans le quartier violent et macho de Little Italy à New York. Il y a une séquence au début que je n'ai jamais oubliée. Sur fond de guitare intense, *Tell Me* des Rolling Stones, la caméra suit Harvey Keitel tandis qu'il traverse un bar éclairé en rouge. Quiconque est déjà entré dans son bar préféré un vendredi soir connaît ce sentiment. Tu connais tout le monde, ils te saluent, crient ton nom, t'as la soirée devant toi. Keitel se fraie un chemin dans la foule, serre des mains à gauche, lance des blagues à droite, il danse lentement, juste les hanches, au son de la musique ; c'est le portrait d'un jeune homme en amour avec la vie, en amour avec le fait d'être en vie en ce vendredi soir avec toutes ces personnes autour de lui. Ça porte aussi la signature d'un jeune cinéaste, de sa joie, d'un moment de transport parce qu'il y est, il est vraiment en train de *faire un film*.

Il y avait d'autres grands moments : Gene Hackman qui prend d'assaut un bar dans *The French Connection* (1971). « Popeye's here », crie-t-il en nettoyant le comptoir, jetant par terre joints, bouteilles de pilules et couteaux à cran. Il y a le regard de Charles Grodin dans *Ishtar* (1987), quand Dustin Hoffman demande si « c'est près d'ici » la Libye. Ou le monologue de Marlon Brando dans *Le dernier tango à Paris* (1972), à propos d'un chien nommé Dutchie qui « sautait et cherchait des lapins » dans les champs de moutarde. C'était le soir, quand nous avons écouté *Le dernier tango*, une chandelle allumée sur la table, et à la fin de la scène, j'ai vu les yeux sombres de Jesse posés sur moi.

— Ouaip, ai-je dit.

Il y a Audrey Hepburn dans l'escalier de secours d'une maison brownstone à Manhattan dans *Breakfast at Tiffany's* (1961), ses cheveux enveloppés dans une serviette au sortir de la douche, ses doigts qui grattent une guitare. La caméra cadre tout, l'escalier, la brique, la mince jeune femme, se rapproche en un plan resserré sur Audrey; puis bam, un gros plan, son visage remplit l'écran, ces pommettes de porcelaine, le menton découpé, les yeux bruns. Elle cesse de gratter puis lève les yeux, surprise, vers quelqu'un hors champ. «Hi», dit-elle doucement. Voilà un de ces moments pour lesquels les gens vont au cinéma; on le voit une fois, peu importe l'âge, et on ne l'oublie jamais. C'est un exemple de ce que peut faire un film, de la façon dont il peut se glisser sous nos carapaces et nous briser le cœur, vraiment.

Je restais assis, transporté, tandis que le générique de fin déroulait, la chanson thème s'achevait, mais je sentais une réserve chez Jesse, comme s'il n'osait pas marcher sur un tapis avec des souliers boueux, si j'ose dire.

— Quoi?

— C'est un film étrange, a-t-il dit en étouffant un bâillement, chose qu'il faisait parfois quand il était mal à l'aise.

— Comment?

— Ça parle de deux prostitués. Mais c'est comme si le film était pas au courant. Comme s'il pensait qu'il raconte une histoire mignonne, un peu fofolle.

Il a ri.

— Je veux pas manquer de respect à propos d'un film que t'aimes, p'pa…

— Non, non, ai-je répondu, sur la défensive. C'est pas le film que j'aime, c'est elle.

J'ai continué en disant que Truman Capote, qui a écrit la nouvelle dont le film a été tiré, n'a jamais aimé le choix d'Audrey Hepburn. «Il pensait que Holly Golightly était plus garçonne, plus du genre Jody Foster.»

— C'est sûr que c'est difficile d'imaginer Audrey Hepburn en pute. Et la femme dans le film est une pute. Et le gars aussi, le jeune écrivain. Les deux font ça pour de l'argent.

Holly Golightly, une pute?

———————

Jesse m'avait demandé une fois si je pensais que Rebecca était trop bien pour lui. J'avais dit non, mais j'étais secrètement inquiet: la compétition pour une telle créature, en particulier à cause de l'arène dans laquelle elle allait se jouer (superficialités élégantes), allait être trop forte. Je me souviens de sa face pâle, désespérée, dans les semaines après «l'incident», et de lui qui me disait: «Je pense que Dieu va me donner tout ce que je veux dans la vie, sauf Rebecca Ng.»

J'étais donc soulagé quand enfin il l'a «eue»: ça signifiait que, pour un petit moment au moins, il ne serait plus hanté par la possibilité qu'un bonheur plus grand puisse exister à peine au-delà de sa portée. En y repensant, j'imagine que c'étaient les rumeurs circulant à la cafétéria à propos de Claire Brinkman qui ont dû raviver l'intérêt de Rebecca pour Jesse, ce vieil ami. Des rumeurs qui ont envoyé valser son nerd de petit copain et qui, malheureusement, ont emporté Claire dans le même ressac.

La vérité, toutefois, c'est que lorsqu'on allait plus loin que son look d'enfer, Rebecca Ng s'avérait être une salope de première classe. C'était une fouteuse de merde, friande d'intrigues et de souffrance, une créature qui semblait tirer son oxygène du spectacle des autres en train de s'étriper, de voir tout le monde à l'envers et en train de parler d'elle. Ça mettait un peu de couleur sur ses joues creuses de star de cinéma.

Elle appelait Jesse tard le soir et insinuait des trucs dérangeants. Elle avait des doutes. Peut-être devraient-ils « voir » d'autres personnes pour être sûrs qu'ils « allaient bien ensemble ». Tout ça dans les dernières secondes du coup de fil. C'était sa manière de le tenir en haleine. Elle ne pouvait pas supporter que ce soit lui qui dise : « Il faut que j'y aille, salut. »

Des heures et des heures passaient ainsi, des conversations qui le laissaient détruit, avec la sensation d'avoir du sable dans les yeux. Je craignais qu'elle lui laisse une cicatrice.

Sauf qu'il y avait une petite part « impossédable » en Jesse, une chose que les autres garçons lui donnaient mais que lui, pour une raison que je ne comprends toujours pas, retenait, une seule pièce sombre dans tout le château à laquelle Rebecca n'avait pas accès et qui l'obsédait. C'était évident que le jour où elle allait y entrer avec une lampe de poche, le jour où elle allait pouvoir y circuler à loisir, cette pièce n'aurait plus de valeur, Jesse n'aurait plus de valeur, et elle poursuivrait son chemin. Mais pour le moment la porte était verrouillée et elle attendait de l'autre côté, cherchant la clé qui tournerait dans la serrure.

Certains après-midi de chaleur, oiseaux qui gazouillent, tondeuses qui tondent, marteaux qui martèlent l'église convertie, en face, Rebecca Ng apparaissait sur la véranda, ses cheveux noirs luisants de santé et de vitalité. Pendant deux ou trois minutes, elle engageait la conversation avec moi, badine, impersonnelle, le genre de conversation auquel on s'attend d'un politicien lors d'une campagne de financement. Blabla, blabla, blabla. Contact visuel frondeur. Le genre de fille qui allait gérer une chaîne d'hôtels de luxe un jour.

Son devoir accompli, elle descendait dans le sous-sol. La porte au pied de l'escalier se fermait d'un clic doux et ferme. J'entendais le murmure de voix jeunes puis, après m'être demandé si je devais rappeler à Jesse de se brosser les dents ou de recouvrir son oreiller d'une taie (et avoir décidé de m'en abstenir), je me retirais dans une partie lointaine, et insonorisée, de la maison.

Comme c'était parfait, me disais-je, que Rebecca Ng, la première de classe, se mette à vivre une aventure amoureuse en bonne et due forme avec un décrocheur. C'était exactement ce à quoi rêvaient ses parents quand ils ont fui le Vietnam à bord d'une chaloupe.

Les autres après-midi, quand elle était occupée à surperformer dans un cours de gestionnaires en herbe ou à préparer un débat pour le caucus des jeunes conservateurs, Jesse et moi regardions des films assis sur le divan. En parcourant mes cartons jaunes, je peux voir que nous avons passé quelques semaines sur un «module» (quel horrible mot «d'école») appelé «Attention : talent». Il s'agissait tout simplement d'une poignée de films, pas toujours très bons, où un acteur inconnu donne une performance si bonne que, pour dire une banalité, on sait que ce n'est qu'une question de temps avant qu'il ou elle ne devienne une immense star. Pense à Samuel L. Jackson en junky dans *Jungle Fever* (1991) de Spike Lee. Au bout de trente secondes, on se dit : « Mais c'est qui, *lui* ? » Ou le tout petit rôle de Winona Ryder dans *Beetlejuice* (1988).

Pareil, bien sûr, pour la performance de Sean Penn en jeune dopé dans la comédie pour adolescents *Fast Times at Ridgemont High* (1982). Remarque la façon dont il regarde les autres quand ils lui parlent. C'est comme s'il était étourdi par un bruit blanc assourdissant dans sa tête et qu'il avait un oreiller de coincé entre les deux oreilles. Ce n'est pas un rôle principal mais Penn est tellement solide dans ce film, son talent est si authentique, si évident, que tous les autres en sont réduits à des rôles de choristes (exactement comme Gary Cooper dont les collègues semblent tous gris, en comparaison).

— Moi, est-ce que j'ai du talent ? m'a demandé Jesse.

— Des tonnes.

— Quelle sorte de talent ?

Qu'est-ce qu'on répond ? « Le truc, pour être heureux dans la vie, c'est d'être bon dans quelque chose. Penses-tu que tu es bon dans quelque chose ? »

— Je sais pas dans quoi.

Je lui ai parlé d'André Gide, le romancier français, qui a écrit dans son journal que ça l'enrageait quand, à vingt ans, il marchait dans les rues de Paris et que les gens ne pouvaient pas voir, juste en le regardant dans les yeux, tous les chefs-d'œuvre qu'il allait produire.

Jesse s'est avancé sur le bout de son siège. « C'est *exactement* comme ça que je me sens. »

Je lui ai montré Audrey Hepburn dans *Roman Holiday* (1953). C'était son premier grand rôle, elle avait vingt-quatre ans et aucune expérience, mais sa légèreté, son humour face à Gregory Peck semblaient surgir d'une maturité artistique inexplicable. Comment est-elle devenue si bonne si vite ? Et avec ce drôle d'accent et cette acuité émotionnelle, elle rappelle étrangement l'héroïne romantique de Tolstoï, Natacha. Mais Mlle Hepburn avait ce je-ne-sais-quoi qui ne s'apprend pas, un rapport naturel avec la caméra dans une enfilade de gestes tous aussi bien trouvés les uns que les autres.

J'ai demandé à Jesse de regarder ce qui arrive quand la caméra s'arrête sur son visage ; on dirait qu'elle vient de trouver son lieu d'appartenance, comme attirée par une force gravitationnelle. Hepburn a remporté un Oscar pour ce rôle-là.

J'ai choisi le premier film d'un jeune réalisateur pour notre programme « Attention : talent ». Encore aujourd'hui, ce petit film fait pour la télé, presque oublié, demeure l'une des réalisations les plus débordantes de jeunesse et d'enthousiasme que j'aie vues.

Les films pour la télé ne relèvent généralement pas du domaine du génie mais, très vite, dans *Duel* (1971), on sait que c'est différent, que c'est extraordinaire. On voit, du point de vue du conducteur, une voiture quitter la banlieue agréable d'une quelconque ville américaine et se diriger lentement vers la campagne. C'est une journée chaude, ciel bleu ; les maisons se raréfient, la circulation se dilue, la voiture est seule.

Puis, surgi de nulle part, apparaît dans le rétroviseur un dix-huit roues plein de rouille. Vitres opaques. On ne voit jamais le chauffeur. On aperçoit ses bottes de cowboy, sa main qui s'agite par la fenêtre, mais jamais son visage.

Pendant soixante-quatorze minutes, tel un monstre préhistorique, le camion poursuit la voiture à travers un paysage brûlé par le soleil. C'est Moby Dick aux trousses d'Achab. En attente sur le bord de la route, caché dans un ravin, semblant perdre intérêt puis réapparaissant soudainement, le camion est le vecteur d'un irrationnel maléfique; c'est la main sous le lit qui attend de nous attraper la cheville. Mais pourquoi? (Indice: Même à son jeune âge, le réalisateur savait ne pas donner la réponse à cette question.)

Un camion et une voiture – zéro dialogue entre les deux. Juste une folle poursuite sur l'autoroute. Comment, ai-je demandé à Jesse, quelqu'un pouvait-il animer une telle matière? «C'est comme tirer du vin d'une pierre», a-t-il dit.

J'ai suggéré que la réponse se trouvait dans l'attaque visuelle du réalisateur. *Duel* nous force à le regarder. Comme s'il disait au public: «Il se passe quelque chose d'important ici: t'as déjà connu cette peur dans le passé, et aujourd'hui elle revient.»

Steven Spielberg avait vingt-quatre ans quand il a tourné *Duel*. Il avait fait un peu de télé (un épisode de *Columbo* lui servait de carte de visite), mais personne ne pouvait soupçonner qu'il allait casser la baraque avec un tel aplomb. La vraie star de ce film, ce n'est pas le camion, ni l'automobiliste apeuré joué par Dennis Weaver, mais bien le réalisateur. Comme lorsqu'on lit les premières pages d'un grand roman, on sent qu'on est en présence d'un talent énorme, *insouciant*. Qui n'a pas encore appris à s'auto-évaluer, à être trop réfléchi. Je suppose que c'est la raison pour laquelle

Spielberg a un jour déclaré, en entrevue, qu'il essayait de revoir *Duel* une fois tous les deux ou trois ans, pour «me rappeler comment j'ai fait». Ce qu'il voulait dire, c'est qu'il faut être jeune pour avoir une confiance aussi frondeuse.

On comprend pourquoi des producteurs n'ont eu qu'à jeter un coup d'œil à *Duel* avant de lui confier *Jaws* (1975) quelques années plus tard. Si Spielberg pouvait rendre un camion balourd épeurant, imagine ce qu'il pourrait faire avec un requin (qui, comme le chauffeur du camion, est rarement montré. On ne voit que ses effets : un chien disparu, une fille tirée sous l'eau, une bouée qui explose à la surface, que des choses qui annoncent la présence du danger sans jamais lui donner un visage. Spielberg avait l'intuition, à son jeune âge, que pour faire peur au public, il fallait que ce soit leur imagination qui fasse le plus gros du travail).

Nous avons regardé le making-of qui venait avec le DVD. À ma grande surprise, Jesse était intrigué en écoutant Spielberg détailler la construction du film image par image, toute la réflexion qui y avait été mise, tout le travail. Les storyboards, les nombreuses caméras, même l'audition d'une demi-douzaine de camions pour voir lequel avait l'air le plus méchant. «Tu sais, p'pa, jusqu'à maintenant, je pensais que Spielberg était nul.»

«C'est un cinéphile nerd. Pas tout à fait la même espèce.» Je lui ai raconté l'anecdote d'une jeune actrice très fêtarde qui connaissait Spielberg et George Lucas et Brian De Palma et Martin Scorsese en Californie quand ils commençaient à peine. Elle a raconté plus tard qu'elle était fascinée par le fait qu'ils ne semblaient pas intéressés par les filles ou la drogue. Tout ce qu'ils voulaient faire, c'était se retrouver ensemble et parler cinéma. « Tu vois, des nerds. »

Je lui ai montré *A Streetcar Named Desire* (1951). Je lui ai dit qu'en 1948 un jeune acteur relativement peu connu, Marlon Brando, était parti sur le pouce depuis New York jusqu'à la maison de Tennessee Williams, à Provincetown au Massachusetts, auditionner pour un rôle dans une production de Broadway, et il avait trouvé le grand dramaturge en pleine crise d'anxiété ; l'électricité venait de lâcher et les toilettes ne marchaient plus. Il n'y avait pas d'eau. Brando a rétabli le courant en mettant des pièces de monnaie derrière les fusibles ; il s'est mis à quatre pattes pour réparer la plomberie ; quand il a eu terminé, il s'est essuyé les mains, il est allé dans le salon et il a lu le rôle de Stanley Kowalski. Ç'a duré à peine trente secondes, selon la légende, et Tennessee, à moitié paf, l'a fait taire et lui a dit « C'est bon » avant de le renvoyer à New York avec le rôle.

Et sa performance ? Il y a eu des acteurs qui ont mis fin à leur carrière après avoir vu Brando faire *Streetcar* à Broadway en 1949. (De la même façon que Virginia Woolf a voulu tout abandonner après sa lecture de Proust.) Pourtant, le studio n'a pas voulu de Brando pour le film. Il était trop jeune. Il grommelait. Mais sa prof de théâtre Stella Adler a fait la sagace prédiction que « cet étrange petit chiot » allait être le plus grand acteur de sa génération. Et c'est ce qui est arrivé.

Des années plus tard, des étudiants qui ont fait des ateliers avec Brando se sont souvenus de ses manières peu orthodoxes, de la façon dont il pouvait réciter un monologue de Shakespeare debout sur la tête et le rendre plus vrai, plus touchant que le travail de quiconque cette journée-là.

— *Streetcar*, ai-je expliqué, est la pièce où ils ont laissé le génie s'échapper de la bouteille; ç'a vraiment changé la manière de jouer aux États-Unis.

Karl Madden, qui jouait Mitch dans la production originale sur Broadway, a dit des années plus tard: «On pouvait le sentir; les spectateurs voulaient Brando; ils venaient pour Brando; et quand il sortait de scène, on pouvait réellement sentir qu'ils attendaient qu'il revienne.»

J'ai compris tout à coup que j'allais presque trop en mettre alors je me suis forcé à me taire. «O.K., ai-je dit à Jesse, tu vas vraiment voir quelque chose, aujourd'hui. Attache ta ceinture.»

Parfois le téléphone sonnait. J'appréhendais ces moments. Quand c'était Rebecca Ng, l'atmosphère était détruite, comme si un vandale venait de jeter une roche par la fenêtre. Un après-midi du mois d'août, par une journée chaude comme du miel, Jesse a disparu pour prendre un appel en plein milieu de *Some Like It Hot* (1959); il a été absent vingt minutes puis est revenu distrait et mécontent. J'ai remis le film mais j'étais très conscient de sa fausse attention. Il avait rivé son regard sur l'écran de télévision qui lui servait d'ancre pour que ses pensées anxieuses à propos de Rebecca puissent courir librement.

J'ai arrêté le DVD brusquement. J'ai dit: «Tu sais, Jesse, ces films sont faits avec beaucoup de réflexion et d'amour. Ils ont été conçus pour être vus d'une traite, une scène après l'autre. Alors je vais imposer une règle: à partir d'aujourd'hui, pas d'appel pendant le film. C'est irrespectueux et merdique.»

— O.K.

— On regarde même pas le numéro quand ça sonne, O.K.?

— O.K., O.K.

Le téléphone a sonné à nouveau. (Même de l'autre bout de la ville, Rebecca pouvait sentir que l'attention de Jesse se portait sur autre chose.)

— Tu devrais le prendre. Pour cette fois.

«Je suis avec mon père, a-t-il murmuré. Je te rappelle.» Un buzz comme si une petite guêpe était prise dans le récepteur. «Je suis avec mon père», a-t-il répété.

Il a raccroché.

— Qu'est-ce qui se passe?

«Rien.» Puis, avec une expiration exaspérée, comme s'il avait retenu son souffle jusque-là, il a dit: «Rebecca choisit toujours les pires moments pour avoir envie de parler.» Un instant j'ai cru voir des larmes embuer ses yeux.

— Parler de quoi?

— De notre relation.

Nous sommes revenus au film mais je sentais qu'il n'était plus là. Il regardait un autre film, toutes les mauvaises choses que Rebecca allait faire parce qu'il l'avait fait chier au téléphone. J'ai éteint la télévision. Il m'a regardé, surpris, comme s'il était dans le pétrin.

— J'étais avec une fille, une fois. Tout ce qu'on faisait c'était de parler de notre relation. C'est ce qu'on faisait à la place d'en vivre une. Ça finit par devenir vraiment chiant. Rappelle-la. Règle tout ça.

6

Un matin, après une canicule qui avait duré près d'une semaine, l'air était soudainement différent. Il y avait de la rosée sur les capots ; les nuages semblaient éclatants, surnaturels dans leur procession à travers le ciel. L'automne, plus que demain ou la semaine prochaine, était irrémédiablement à nos trousses. Je prenais un raccourci à travers l'édifice de la Manulife sur Bloor quand j'ai aperçu Paul Bouissac attablé seul dans le café à côté de l'escalier roulant. C'était un petit Français aux yeux de hibou qui m'avait enseigné le surréalisme à l'université, trente ans auparavant, et qui, depuis, avait toujours commenté ma carrière télévisuelle de façon vaguement insultante. Je n'étais pas digne d'être regardé, semblait-il sous-entendre, mais son petit ami, un cauchemar aux mains moites, était un grand fan. (Ce dont je doutais, mais bon.)

Bouissac a soulevé une main blanche et potelée et m'a fait signe d'approcher. Obéissant, je me suis assis. Nous avons parlé de choses et d'autres, moi posant les questions (*comme d'habitude**), lui levant les yeux

---

* En français dans le texte.

au ciel devant leur naïveté. Quand Jesse est venu sur le tapis (*Et vous, vous tuez la journée comment?**), je me suis lancé dans mon laïus : ne pas aimer l'école n'était «certainement pas une maladie», que c'était même peut-être *quelque chose d'encourageant**, que j'avais affaire à un gamin qui ne regardait pas la télé et qui ne prenait pas de drogues. Que les enfants heureux finissent par avoir des vies heureuses, etc., etc., etc. J'ai continué comme ça et à la longue je me suis rendu compte que j'avais le souffle étrangement court, comme si je venais de grimper un escalier quatre à quatre. Bouissac m'a fait taire d'un geste et je pouvais sentir ma petite voiture, pour ainsi dire, se ranger sur l'accotement en une secousse disgracieuse.

«Vous êtes sur la défensive», a-t-il dit dans un anglais fortement accentué. (Quarante ans à Toronto et il parlait toujours comme Charles de Gaulle.) Je l'ai assuré que je ne l'étais pas et le suis donc devenu encore plus. J'ai expliqué des choses qui se passaient d'explication et je me suis défendu de critiques qui n'avaient pas été formulées.

— Il y a une période pour apprendre. Après, c'est trop tard, a dit Bouissac avec ce tranchant insupportable des intellectuels français.

Trop tard ? Je me questionnais. Voulait-il dire qu'apprendre est comme la maîtrise d'une langue, qu'il faut «attraper» le bon accent avant un certain âge (douze ou treize ans), sinon c'est foutu ? Idée effarante. Aurions-nous dû l'envoyer à l'école militaire ?

Comme Bouissac se désintéressait de la conversation (et ne le cachait pas), il a avalé son minuscule espresso puis il est parti à la recherche d'une toute nouvelle paire de gants de cuisine. Il recevait ce soir-là une poignée de sémioticiens de calibre international. La rencontre m'a laissé étrangement secoué. J'avais l'impression de m'être trahi, de m'être vendu à rabais. Est-ce que j'étais sur la défensive à propos de Jesse ou de moi-même? Est-ce que je me pétais les bretelles comme un enfant de dix ans dans la cour d'école? C'était si évident? Peut-être. Mais je ne voulais pas que quiconque s'imagine que je jouais un mauvais tour à Jesse. (Je ne pouvais pas m'enlever de la tête cette image de lui pilotant un taxi enfumé de marijuana.)

Trois jeunes adolescentes sont passées en trottant, emportant avec elles une odeur de gomme à mâcher et d'air frais. Peut-être, me suis-je dit, que l'influence qu'on a sur nos enfants est exagérée. Comment, exactement, peut-on forcer un adolescent de six pieds quatre pouces à faire ses devoirs? Non, on l'avait bel et bien perdue, celle-là, sa mère et moi.

Une aversion pour Bouissac, comme un brusque coup de vent inattendu, m'a traversé et j'ai eu l'impression que mon étrange comportement d'étudiant, cette déférence habituelle, allait subir une méchante métamorphose avant longtemps.

Sur-le-champ, à cette table, j'ai pris un stylo et sur une serviette de papier je me suis mis à dresser une liste de tous les jeunes hommes avec qui j'étais allé à l'université et qui en étaient ressortis comme des moins que rien. Il y avait B., qui s'était saoulé à mort au Mexique; G., mon meilleur ami d'enfance, qui avait tiré sur un homme en plein visage lors d'un bad trip. M., un génie des maths, des sports, de tout, qui passait maintenant ses journées à se masturber devant son ordi pendant que sa femme travaillait dans une firme du centre-ville. C'était une liste réconfortante, tragique.

Il y avait même mon frère, mon triste, triste frère, star de l'athlétisme, roi de sa fraternité à l'université, qui vivait maintenant dans une maison de chambres et pestait toujours, après toutes ces années, contre les iniquités de son éducation.

Et si je me trompais ? Et si Jesse n'allait pas sortir du sous-sol, un de ces jours, et « prendre le monde à bras-le-corps » ? Et si je l'avais laissé ruiner sa vie entière au nom d'une théorie vaseuse qui pouvait n'être rien d'autre qu'une forme raffinée de paresse ? Je voyais encore le taxi rouler lentement sur University par une nuit ruisselante de pluie. Le shift de nuit. Jesse, un gars connu partout où l'on vend des beignes 24 h sur 24. « Hey, Jess. Comme d'habitude ? Ça va te r'mettre d'aplomb. »

Avait-il appris quoi que ce soit au cours de cette année sous mon « tutorat » ? Est-ce que ça avait valu la peine ? Voyons voir. Il était au courant pour Elia Kazan et l'affaire des activités anti-américaines, mais savait-il ce qu'était le communisme ? Il savait que Vittorio Storaro avait éclairé l'appartement dans *Le dernier tango à Paris* en mettant les lumières à l'extérieur des fenêtres plutôt qu'à l'intérieur, mais savait-il où se trouvait Paris ? Il savait qu'il fallait poser sa fourchette dents vers le bas tant qu'on n'avait pas terminé son repas, que les cabernets français avaient tendance à être un peu plus acides que les californiens. (Des trucs importants.) Quoi d'autre ? Manger la bouche fermée (perfectible), se brosser la langue en plus des dents le matin (ça s'en vient). Rincer l'évier après avoir égoutté une boîte de thon pour se faire un sandwich (on y était presque).

Oh, mais c'est pas fini. Il aimait la charge psychotique de Gary Oldman qui parcourt un couloir avec un fusil dans *Léon* (1994). Il aimait Marlon Brando qui balaie la vaisselle de la table à dîner dans *A Streetcar Named Desire*. «Ma place est nette. Tu veux que je nettoie la tienne?» Il aimait *Swimming with Sharks* (1994), pas les premiers moments («Ça, c'est n'importe quoi»), mais la fin. («Là! Là, ça devient profond.») Il aimait Al Pacino dans *Scarface* (1983). Il aimait ce film comme moi j'aimais les partys dans *The Great Gatsby*. On sait qu'ils sont méchants et superficiels mais on veut y aller quand même. Il écoutait et réécoutait *Annie Hall*. Je trouvais la boîte du DVD vide sur le divan, le lendemain. Il le connaissait presque par cœur, pouvait le citer. Même chose pour *Hannah and Her Sisters*. Il a été complètement renversé par le *Lolita* (1997) d'Adrian Lyne. Il le voulait à Noël. Étaient-ce des choses dont je pouvais être fier?

Oui, en fait.

Mais un jour, la neige tombait de l'autre côté de la fenêtre du salon, nous revoyions *Scarface*, la scène où Al arrive à Miami, quand Jesse s'est tourné vers moi et m'a demandé où se trouvait la Floride.

— Hein?

— D'ici. Comment on fait pour y aller d'ici?

Après une pause vigilante (Était-il sérieux?), j'ai dit: «Tu vas vers le sud.»

— Vers Eglington ou vers King?

— Vers King.

— Ah ouais?

J'ai continué prudemment mais respectueusement sur le ton de quelqu'un qui s'attend à être embusqué à tout moment dans une bonne blague. Mais ce n'était pas une blague. «Tu descends King et tu continues jusqu'au lac Ontario; tu traverses le lac et, là, c'est le début des États-Unis.» J'attendais qu'il m'interrompe.

— Les États-Unis, c'est juste de l'autre bord du lac?

«M-hmmm.» Pause. «Tu continues à descendre, à traverser les États-Unis, peut-être 2 500 kilomètres, la Pennsylvanie, les Carolines, la Georgie (j'attendais toujours qu'il m'interrompe), jusqu'à ce que tu arrives à un État en forme de doigt qui s'étire dans l'eau. C'est la Floride.»

«Ah.» Pause. «Qu'est-ce qu'y a après?»

— Après la Floride?

— Ouais.

— Euh, voyons, tu vas jusqu'à l'extrémité sud du doigt puis là tu tombes sur une autre étendue d'eau; tu continues un autre 150 kilomètres, puis t'arrives à Cuba. Tu te souviens de Cuba? C'est là qu'on a eu une longue conversation à propos de Rebecca.

— C'était vraiment une bonne conversation.

— Écoute-moi. Tu passes par-dessus Cuba, tu continues un bon bout puis t'arrives en Amérique du Sud.

— C'est un pays?

Pause. «Non, c'est un continent. Tu continues, des milliers et des milliers de kilomètres, de la jungle, des villes, de la jungle, des villes, puis tu débouches sur l'extrémité de l'Argentine.

— Pis ça c'est la fin du monde?

— Si on veut.

Est-ce que je suis en train de faire la bonne chose?

C'était le printemps, maintenant, sur la rue de Maggie. Les arbres, des bourgeons apparaissant à leurs extrémités comme des ongles, étiraient leurs branches vers le soleil. C'est en lui montrant un de ces films d'art pontifiants qu'une chose bizarre s'est produite, l'illustration parfaite de la leçon même que le film essayait de livrer. Tout a commencé quand j'ai entendu dire que la maison à côté était à vendre. Pas notre voisine mitoyenne, Eleanor – celle-là n'allait sortir que les pieds devant, avec un Union Jack collé au front –, mais le couple de l'autre côté, la femme mince comme un serpent qui portait des lunettes de soleil et son chauve de mari.

Coïncidence totale, j'avais choisi cette semaine-là pour montrer à Jesse un classique du cinéma italien, *Le voleur de bicyclette* (1948). L'histoire la plus triste au monde. Un gars au chômage a besoin d'une bicyclette pour un boulot, en trouve une avec grande difficulté ; toute sa façon d'être change, il retrouve son assurance sexuelle. Mais la bicyclette est volée le lendemain. Il est à l'agonie. L'acteur, Lamberto Maggiorani, a le visage d'un garçon anéanti, sans voix. Que peut-il faire ? Pas de vélo, pas de boulot. C'est presque trop bouleversant à regarder quand il parcourt la ville à la recherche de son véhicule perdu. Puis il repère une bicyclette laissée sans surveillance et la vole. En d'autres termes, il choisit d'infliger à quelqu'un d'autre le même traitement que celui qu'il a subi. C'est pour le bien-être de sa famille, songe-t-il pour se convaincre, contrairement à l'autre type. Mais la morale de l'histoire, ai-je expliqué, c'est qu'on ajuste parfois nos valeurs, ce qui est bien, ce qui est mal, en fonction de nos besoins du moment. Jesse acquiesce ; l'idée lui plaît. Je peux le voir chercher des incidents dans sa propre vie, s'arrêter ici et là, chercher des parallèles.

Mais le voleur de bicyclette est pris, et pris publiquement. On dirait que tout le quartier est là pour le voir se faire emmener. Y compris son garçon, dont le visage arbore une expression que personne ne voudrait jamais voir sur le visage de son propre enfant.

Le lendemain du visionnement, peut-être quelques jours plus tard, il y avait des allées et venues à côté; j'ai vu un homme maigre avec une face de rat se mêler de ce qui ne le regardait pas dans l'allée, parmi mes nouveaux bacs à ordures. Puis un matin, la ville paraissant encore plus grise que d'habitude, des trous d'eau et des saletés dans la rue comme si la marée venait de se retirer (on s'attendait presque à voir un poisson à l'agonie s'agiter au bord du trottoir), une affiche À VENDRE est apparue.

Je me suis pris à me demander, d'abord tout bonnement, puis de plus en plus intensément, si je ne devrais pas vendre ma garçonnière dans l'usine de bonbons (sa valeur avait follement grimpé) et déménager tout près de mon fils et de mon ex bien-aimée. À condition qu'ils le veuillent, bien sûr. Plus j'y pensais, plus je le voulais et plus ça me semblait urgent. En quelques jours à peine, c'était devenu une question de vie ou de mort. Peut-être même qu'il me resterait, en concluais-je, un peu d'argent après la mise de fonds. Ce n'était pas comme ça que j'avais imaginé vivre ma vie mais j'avais déjà eu de pires idées. Le vent tournerait peut-être pour moi, en vivant à côté de ces deux-là. Tard un après-midi, ma voisine sexy, avec ses lunettes de soleil, a tourné le coin de la rue dans son véhicule utilitaire et a gravi les marches en toute hâte, mallette à la main.

— Il paraît que vous vendez la maison?

— En effet, a-t-elle répondu sans perdre une seconde, la clé dans la porte.

— Est-ce que ce serait possible de jeter un coup d'œil avant tout le monde?

J'ai bien vu que l'agent immobilier à face de rat l'avait prévenue contre ce genre de situation. Mais la femme était bonne alors elle a accepté.

C'était une maison de petite personne, une maison de Français, mais propre et accueillante, même jusque dans les replis du sous-sol (contrairement au sous-sol chez Maggie, où, juste après la machine à laver, on craignait de se faire attaquer par un crocodile). Passages étroits, escaliers étroits, chambres peinturées avec minutie, moulures délicatement ornées, et une pharmacie qui éveillait la curiosité – bien qu'avec son teint radieux et son aura de mouvement incessant et déterminé, ma voisine ne semblait pas être du genre à avoir des pilules qui vaillent la peine d'être piquées.

— Combien?

Elle a dit un prix. C'était ridiculement élevé, bien sûr, tout comme la récente évaluation de mon condo dans l'usine de bonbons qui «était en demande», m'avait-on dit, auprès d'une toute nouvelle faune de jeunes success-stories insupportables (cellulaires, barbes de trois jours). Une place pour les gagnants, pour les branchés. Pour les trous de cul, en somme.

J'ai expliqué ma situation: je voulais passionnément vivre près de mon fils adolescent et de mon ex-femme. Ça l'a surprise. Pouvait-elle me donner la première chance pour la maison? Oui, a-t-elle dit. Elle parlerait à son mari.

Il y a eu tout un branle-bas de combat dans notre maison. Appels à la banque, au loft pour Maggie (un feu vert ravi accompagné d'un regard embué), une autre conversation avec Slim à côté. Tout semblait rouler.

Puis, pour des raisons que je ne pouvais pas saisir, Slim et sa tête de nœud de mari ont décidé de ne rien nous offrir du tout. Il y aurait deux visites libres, le mari m'a-t-il informé sèchement, et ensuite nous serions libres de faire une offre. En même temps que tout le monde. Mauvaise nouvelle. Greektown était en train de devenir à la mode aussi ; les prix étaient terrifiants. Les maisons se vendaient 200 000 dollars de plus que le prix demandé.

Un jour ou deux avant la visite, j'ai pris Jesse à part. Je lui ai demandé d'inviter une bande d'amis à lui pour un après-midi sur la véranda. Bière et cigarettes sur mon bras. Rendez-vous : quatorze heures précises.

On imagine tout de suite le spectacle. Tandis que les acheteurs potentiels grimpaient les marches à côté, ils longeaient une demi-douzaine de bums au teint pâle avec des tuques et des lunettes de soleil qui fumaient et buvaient sur la véranda adjacente. Leurs nouveaux «voisins», à trois pas. Des voitures s'arrêtaient le temps d'une inspection, deux lunes figées dans la fenêtre du passager, puis repartaient.

Après une heure environ, l'agent immobilier à face de rat a émergé et demandé aux garçons si le propriétaire était là. J'étais tapi dans le salon, essayant de regarder la télé, les entrailles retournées comme si un système d'alarme avait été déclenché à l'intérieur de moi. (Mauvaise conscience.)

— Non, non, ai-je murmuré à Jesse, dis-lui que je suis pas là.

À quatre heures, la visite s'est terminée. Vingt minutes plus tard, je me faufilais dehors pour aller prendre un verre au resto grec du coin, les nerfs à vif, quand l'agent est apparu. Il avait une petite face osseuse, comme si des pensées déplaisantes en avaient tendu la peau qui était devenue horriblement luisante. Les «jeunes hommes sur la véranda», a-t-il dit, posaient «tout un problème». J'ai essayé de changer de sujet; sur un ton joyeux, je lui ai demandé comment se portait le marché de l'immobilier, dans le quartier; peut-être que je pourrais l'appeler – j'étais sur le point d'acheter. Ha, ha, ha, mon rire de pirate. Il n'était pas démonté. Sans sourire, il m'a dit qu'ils avaient effrayé un bon nombre d'acheteurs avec leurs gros mots. Jamais! ai-je dit, comme si je défendais ma reine.

Il y avait une visite le lendemain, dimanche. Une pluie fine tombait, le ciel était gris pâle, des mouettes volaient bas au-dessus du parc, certaines marchaient la tête renversée en arrière, le bec ouvert, on aurait dit qu'elles se gargarisaient. En dépit de profonds scrupules, j'ai persisté dans ma stratégie. Encore de la bière, des cigarettes et des bums avachis au programme. Je n'avais pas le courage de rester alors j'ai détalé sur ma bicyclette et traversé le pont pour aller m'occuper d'affaires imaginaires. Je ne suis revenu qu'après quatre heures. La pluie avait diminué. Je passais devant le restaurant grec où nous mangions souvent quand j'ai vu Jesse marcher dans ma direction. Il souriait mais il y avait quelque chose de précautionneux, presque protecteur dans son sourire.

«On a eu un petit problème», a-t-il dit. Quelques minutes après le début de la visite, le chauve avait traversé la pelouse en pestant – cette fois, c'était lui qui portait des lunettes de soleil – et il avait frappé la porte de ses deux poings. Sous les regards des bums, il a demandé à me voir.

Moi?

— Il est pas là, a dit Jesse.

— Je sais ce qu'il essaie de faire, a dit le chauve. Il essaie d'*assassiner* la vente.

Assassiner la vente? Des paroles dures. D'autant qu'elles étaient vraies. J'étais soudainement submergé par une vague de honte écœurante; pire, j'avais cette sensation adolescente d'être «dans le trouble». D'avoir pris la voiture de mon père sans avoir de permis et de l'avoir démolie. J'avais aussi l'impression désagréable que Jesse savait que j'étais dans mon tort, qu'il le savait depuis le début. Sans parler du fait que je l'avais moi-même impliqué dans toute l'affaire. Un parfait exemple d'autorité parentale. Comment gérer une crise. Comment obtenir ce que l'on veut. Confie-le moi, Maggie, je vais le remettre d'aplomb et le faire marcher droit.

— J'ai fait rentrer tout le monde, a-t-il dit.

— C'est pas trop dangereux d'y retourner? ai-je demandé.

— J'attendrais un peu. Y est vraiment full furieux.

Quelques jours plus tard, j'ai demandé à un ami d'appeler pour moi, de faire semblant d'être un acheteur et de faire une offre sur la maison. Mais ils ont dû voir clair dans mon jeu; c'est à peine s'ils ont retourné son appel. Tout ça n'avait servi à rien, mes machinations, mon exploitation d'une bande de jeunes à des fins stupides et malhonnêtes. Un couple de fleuristes gais a acheté la maison pour un demi-million de dollars.

Est-ce que Jesse allait se souvenir de cet épisode toute sa vie? (On ne sait jamais quand la fenêtre est ouverte. Et quand elle l'est, on n'en profite pas pour y lancer un chien mort.) Je l'ai pris à part le lendemain. «Ce que j'ai fait, c'était une erreur monumentale.»

Il a dit: «Y a rien de mal à vouloir vivre près des tiens.» Mais je l'ai arrêté.

— Si un type me faisait le coup pendant que j'essaie de vendre mon condo, je me pointerais chez lui avec un revolver.

— Je pense quand même que t'as fait la bonne chose, insistait-il.

C'était difficile de lui faire voir les choses autrement. J'ai dit: «J'ai fait exactement comme le gars dans *Le voleur de bicyclette*. J'ai considéré que c'était la bonne chose à faire juste parce que j'en avais besoin.»

— Peut-être que c'était vraiment la bonne chose à faire?

Plus tard, quand nous sommes sortis pour une cigarette après-film, je me suis trouvé à regarder furtivement autour de moi de peur que le chauve ou sa femme soient dans les parages.

— Tu vois les conséquences? Maintenant il faut que je surveille ce gars-là à chaque fois que je viens sur la véranda. C'est ça le prix. Le vrai prix.

7

Pour le club, j'ai conçu un module « Imperturbable ». Il s'agissait de films dans lesquels un acteur vole la vedette à tous ses collègues en ne bougeant pas. J'ai commencé, bien sûr, par *High Noon* (1952). Il y a d'heureux accidents au cinéma où tout semble tomber en place naturellement. Le bon scénario, le bon réalisateur, les bons acteurs. *Casablanca* (1942) en est un, *The Godfather* (1972) en est un autre, et *High Noon*. Un shérif, Gary Cooper, s'apprête à quitter le village avec sa nouvelle épouse quand il apprend qu'un méchant vient tout juste de sortir de prison et qu'il est en route, avec trois de ses amis, pour venir « chercher » l'homme responsable de sa capture. Ils arrivent sur le train de midi. Cooper court à droite et à gauche dans le village pour trouver de l'aide ; chacun a une bonne raison de dire non. À la fin, il n'y a que lui, une rue déserte et quatre hommes armés.

Le film a été fait à une époque où les westerns étaient généralement tournés en couleur et mettaient en scène pour la plupart des héros avec des mentons de granit et de nobles idéaux, des personnages de bande dessinée plutôt que des êtres humains. Puis

High Noon est survenu, tourné en simple noir et blanc, pas de jolis couchers de soleil ni de superbes paysages montagneux; on avait plutôt droit à un petit village assez mesquin, merci. L'autre chose inhabituelle: au centre de son histoire figurait un homme qui avait peur de se faire blesser et qui le montrait.

J'ai rappelé à Jesse que le film avait été tourné au début des années cinquante, qu'on pouvait y voir un parallèle avec la chasse aux sorcières qui avait lieu au même moment à Hollywood. Des gens soupçonnés d'être gauchistes pouvaient se retrouver délaissés par leurs amis du jour au lendemain.

C'est difficile à croire aujourd'hui mais quand *High Noon* est sorti, des gens de tout acabit ont fait du piquetage. Ils l'ont descendu pour cause d'anti-américanisme. Ils se plaignaient de cette histoire à propos d'un soi-disant héros qui, à la fin du film, quitte le village et laisse tomber ses habitants. Le scénariste, Carl Foreman, a dû s'exiler en Angleterre. Lloyd Bridges, qui fait le jeune lâche écervelé, n'a plus travaillé pendant deux ans; «non américain» était le verdict.

J'ai fait remarquer qu'il y a de merveilleux aspects artistiques à souligner dans le film. Regarde comme on nous montre la voie ferrée déserte. On la voit encore et encore. C'est une manière de créer une impression de danger, sans mots, sans action. Chaque fois que l'on voit les rails, on nous rappelle que c'est de là que viendra le malheur. Même chose pour l'horloge. Tic, tac, tic, tac. Le rythme va même jusqu'à ralentir quand approche l'heure fatidique.

Et puis il y a Gary Cooper. Des acteurs qui ont travaillé avec lui étaient souvent surpris par le peu qu'il faisait lors d'une scène. C'est à peine s'il «jouait», s'il faisait quoi que ce soit. Mais quand on voit sa performance sur l'écran, elle repousse tous les autres à l'arrière-plan. Les acteurs voyaient leurs performances se dissoudre en une masse indistincte autour de lui.

— Remarque où vont tes yeux pendant ses scènes, disais-je à Jesse. Imagine être un de ses collègues acteurs et essayer de battre ça.

Pour éviter de m'en tenir aux grandeurs, je lui ai montré *Internal Affairs* (1990), un truc affreusement divertissant. Richard Gere fait un policier corrompu. Quand un de ses collègues un peu instable (William Baldwin) est appelé à témoigner, on voit à quel point Gere est fabuleux en méchant. (Meilleur qu'en premier rôle.) Avec ses petits yeux, il fait vraiment Iago engagé par la police de Los Angeles. Gere, imperturbable et en parfaite maîtrise de soi, séduit de façon hypnotique. On comprend comment son personnage exerce une emprise même sur son ex-femme. Et que lorsqu'il se sent menacé, il est capable de *tout*. J'ai dit à Jesse de surveiller la scène où, avec quelques phrases prononcées de façon désinvolte, presque amusé, il sème une horreur sexuelle dans l'imagination d'Andy Garcia, l'officier chargé d'enquêter sur lui.

— Te laisse pas avoir par sa belle gueule ou sa philosophie de salon, ai-je dit. Richard Gere est un vrai.

Nous sommes passés à *Dead Zone* (1983) de David Cronenberg. Christopher Walken en médium solitaire, extrêmement triste, un vrai prince de l'imperturbable. Puis *The Godfather Part II* (1974). Que dire de Pacino, «Big Al»? Il a l'assurance et la retenue d'une murène à l'entrée d'une caverne. Tu vas voir, y a cette scène où un sénateur comprend pas le sens de la deuxième offre de Pacino, inférieure, pour une licence de casino.

Je lui ai montré *Bullitt* (1968) ; ce film est sorti il y a quarante ans mais il a encore une autorité inoxydable. Avec les yeux bleus de Steve McQueen qui est à son plus beau. McQueen était un acteur qui comprenait l'avantage qu'il y a à en faire peu ; il écoute avec l'impassibilité intrigante d'un acteur de premier rôle. J'ai ressorti du sous-sol une vieille entrevue avec un réalisateur canadien très volubile, Norman Jewison, qui a fait trois films avec McQueen.

— Steve n'était pas le genre d'acteur à pouvoir s'asseoir sur une scène et nous divertir, disait Jewison. C'était un homme de *cinéma*. Il aimait la caméra et la caméra le lui rendait. Il était toujours vrai, en partie parce qu'il était toujours en train de jouer son propre rôle. Ça ne le dérangeait pas de se faire retirer une ligne de dialogue. Tant que la caméra était sur lui, il était content, car il savait que le cinéma est un art visuel.

McQueen a eu une vie difficile. Il a passé quelques années dans une maison pour garçons délinquants. Après un épisode dans la marine, il s'est retrouvé à New York où il a pris des cours de théâtre. En d'autres mots, ai-je dit à Jesse, ce n'était pas le type artiste, président de sa troupe de théâtre amateur. Le talent n'apparaît pas toujours là où on l'attend.

Nous avons regardé *Le samouraï* (1967) avec Alain Delon, Lauren Bacall dans *The Big Sleep* (1946) et, bien sûr, le grand Clint Eastwood (plus imperturbable que ça, t'es mort) dans *A Fistful of Dollars* (1964). On pourrait parler longtemps de Clint. J'ai commencé par nommer cinq choses que j'aimais chez lui.

1. J'aime quand il lève quatre doigts à l'endroit du croque-mort dans *A Fistful of Dollars* et dit : « Je me suis trompé. Ce sera quatre cercueils. »
2. J'aime que, comme l'a fait remarquer le critique britannique David Thomson, quand Clint se tenait à côté du prince Charles au London's National Film Theatre en 1993, tout le monde savait qui était le *vrai* prince dans la salle.
3. J'aime le fait que, quand Clint dirige un film, il ne dise jamais : « Action. » Il dit, calmement, doucement : « Quand t'es prêt. »
4. J'aime regarder Clint tomber de son cheval dans *Unforgiven* (1992).
5. J'aime l'image de Clint en Dirty Harry, marchant dans les rues de San Francisco, pistolet dans une main, hot dog dans l'autre.

J'ai parlé à Jesse d'un brin de conversation mondaine que j'avais eue avec William Goldman, qui avait fait le scénario de *Butch Cassidy and the Sundance Kid* (1969) et plus tard d'*Absolute Power* (1997) pour Eastwood. Goldman l'adorait. « Clint est le meilleur, m'a-t-il dit. Un grand professionnel dans un monde dominé par l'ego. Sur un plateau d'Eastwood, tu viens travailler, tu fais ton boulot, tu rentres à la maison ; généralement tu peux rentrer assez tôt parce qu'il veut aller jouer au golf. Et il mange à la cafétéria avec tout le monde. »

Quand Clint s'était vu proposer le scénario de *A Fistful of Dollars* en 1964, c'était un projet qui traînait depuis déjà un moment. Charles Bronson l'avait refusé, c'était le pire scénario qu'il avait lu. James Coburn n'en voulait pas parce qu'il allait être tourné en Italie et qu'il avait entendu des horreurs au sujet des réalisateurs italiens. Clint l'a accepté pour 15 000 dollars mais – et j'ai bien souligné ce détail – il a insisté pour que le scénario soit coupé : il pensait que le film serait plus intéressant si le gars ne parlait pas.

— Peux-tu deviner pourquoi il a fait ça ?

— Ben oui, a répondu Jesse. On peut imaginer un tas d'affaires au sujet d'un gars qui parle pas. La minute qu'il ouvre la bouche, il rapetisse de quelques centimètres.

— Exactement.

Après quelques secondes de distraction, il a ajouté : « Ça serait bien d'être comme ça dans la vraie vie. »

— Hmmm ?

— Parler moins. Être plus mystérieux. Les filles aiment ça.

— Y en a qui aiment ça, d'autres non. Toi, t'es un parleur. Les femmes aiment ça aussi.

Trois ans ont passé avant qu'Eastwood voie le film terminé. Il l'avait même pratiquement oublié. Il a invité quelques amis pour un visionnement privé et leur a dit : « Ça va probablement être merdique mais on va jeter un coup d'œil. »

Au bout de quelques minutes, un de ses amis a dit : « Euh, Clint, c'est pas mal du tout, ce film-là. » *A Fistful of Dollars* a renouvelé le genre des westerns qui était alors devenu une maison de retraite pour acteurs âgés.

Après le visionnement, j'ai demandé à Jesse de me faire plaisir en me permettant de revoir la scène de la corde avec James Dean dans *Giant*. Dean entouré d'habiles hommes d'affaires qui essaient de lui offrir un deal. Rock Hudson qui pose douze cents dollars sur la table. « Tu roules sur l'or, maintenant, mon garçon. » Dean reste assis, bouge à peine. « Qui vole la vedette dans cette scène? ai-je demandé. Qui vole la vedette dans tout le film?»

J'ai même fait une incursion en télévision : Edward James Olmos en policier habillé de noir dans *Miami Vice* (1984-1989). J'ai dit : «C'est une émission stupide, pas crédible pour deux sous, mais regarde Olmos – c'est presque un tour de magie. Parce qu'il bouge pas, on dirait qu'il est en possession d'un secret.»

— Quel secret?

«C'est ça l'illusion de l'imperturbable. Y a *pas* de secret. Y a que les sous-entendus du détenteur.» Je commençais à parler comme un critique de vin.

J'ai éteint le lecteur DVD.

— Je détesterais pas écouter le reste de l'émission, a dit Jesse. Je peux?

Alors tandis que les ouvriers cognaient, sciaient et soudaient le deuxième étage de l'immeuble (qui grandissait à vue d'œil) de l'autre côté de la rue, Jesse et moi avons regardé trois épisodes consécutifs de *Miami Vice*. À un moment, notre voisine Eleanor a marché lourdement sous la fenêtre et nous a jeté un coup d'œil. Je me demandais ce qu'elle pensait de nous, assis à écouter la télé jour après jour. J'éprouvais une sorte d'envie débile de courir après elle pour lui dire : «Mais c'est pas de la télévision; c'est du cinéma.» Ces jours-ci, je remarquais qu'il y avait parfois en moi une tendance inélégante à me hâter vers l'autojustification, en ce qui concernait Jesse.

———

De là où je me tenais dans le salon, je pouvais voir Rebecca Ng tourner le coin dans le stationnement.

Jean blanc, veste de jean blanc, t-shirt chartreuse, ses cheveux noirs comme la nuit tombant parfaitement. Les gars de la construction au pied du mur de l'église se faisaient des signes et chacun trouvait le moyen de regarder Rebecca quand elle s'est trouvée à leur hauteur. Une grise volée de pigeons s'est levée et a disparu vers l'ouest.

J'étais en train de me remettre au nouveau cinéma allemand. Nous faisions *Aguirre, la colère de Dieu* (1972) ce jour-là. (Ne pas oublier de le préparer pour la scène où le conquistador compare sa main à une empreinte de sang sur une pierre.) Parfois j'apprenais tous ces trucs une demi-heure avant de commencer le film. Jesse était dehors. Il avait la gueule de bois. Il ne le disait pas mais je l'avais senti quand il avait monté l'escalier. Un de ses amis, Morgan, était sorti de prison la veille (trente jours, voies de fait) et s'était arrêté à la maison. J'avais dû le mettre gentiment à la porte à quatre heures du matin pour envoyer Jesse au lit.

L'équilibre était précaire *chez nous**, et certains jours j'avais l'impression de combattre le chaos, le désordre et l'irresponsabilité avec un fouet et une chaise. C'était comme s'il y avait une jungle qui poussait autour de la maison, toujours en train de menacer d'envahir la maison de ses branches et de ses vrilles, sous la porte, dans le sous-sol. Plus d'une année était passée depuis que Jesse avait laissé tomber l'école (il avait maintenant dix-sept ans) et il n'y avait toujours pas de signe annonçant sa prise du monde «à bras-le-corps».

Mais nous avions toujours le ciné-club. Les cartes jaunes sur le frigo, un trait tiré sur chaque titre visionné, me rassuraient, me disaient que quelque chose, au moins, se passait. Je ne rêvais pas. Je savais que je ne lui donnais pas un cours de cinéma en règle. Ce n'était pas mon but. Nous aurions très bien pu faire de la plongée sous-marine ou collectionner des timbres. Les films n'étaient qu'un prétexte pour passer du temps ensemble, des centaines d'heures, et servaient de points de départ à une foule de sujets de conversations : Rebecca, le Zoloft, la soie dentaire, le Vietnam, l'impuissance, la cigarette.

Certains jours, il me posait des questions sur les personnes que j'avais interviewées : Comment était George Harrison ? (Un bon gars, même si quand t'entends cet accent de Liverpool, c'est difficile de pas te mettre à sauter partout en criant : « Mais t'étais dans les Beatles ! T'as dû avoir, genre, une *tonne* de filles ! ») ; Ziggy Marley (le fils de Bob, un sombre petit con s'il en est un) ; Harvey Keitel (un acteur magnifique mais le cerveau comme un rôti de porc pas cuit) ; Richard Gere (typique de l'acteur pseudo-intellectuel qui a pas encore compris que les gens l'écoutent parce que c'est une vedette de cinéma, pas une grosse tête) ; Jodie Foster (comme essayer de prendre le fort Knox) ; Vanessa Redgrave (chaleureuse, majestueuse, comme parler à la reine) ; le réalisateur anglais Stephen Frears (un autre Britannique qui y va trop fort sur l'après-rasage. Pas surprenant qu'une femme puisse pas poser sa tête sur les genoux de ces gars-là) ; Yoko Ono (une emmerdeuse irritable sur la défensive qui, questionnée sur le pourquoi et le comment de son dernier « projet », répondait : « Poseriez-vous cette question à Bruce Springsteen ? ») ; Robert Altman (volubile, lettré, décontracté ; pas surprenant que les acteurs voulaient travailler avec lui pour une chanson) ; le réalisateur américain Oliver Stone (un gars très viril, plus intelligent que les scénarios qu'il écrit; «*Guerre et Paix?* Bordel, c'est quoi, ça, comme question? Y est juste dix heures du matin!»)

Nous avons parlé des années soixante (trop souvent mais il me laissait faire), de boire mal, de boire bien, puis à nouveau de Rebecca («Penses-tu qu'elle va me laisser?»), Adolf Hitler, Dachau, Richard Nixon, l'infidélité, Truman Capote, le désert du Mojave, Suge Knight, le lesbianisme, la cocaïne, le look «heroin chic», les Backstreet Boys (mon idée), les tatouages, Johnny Carson, Tupac (son idée), le sarcasme, le body-building, la longueur du zizi, les acteurs français, puis e. e. cummings. Quelle époque! J'attendais peut-être après du boulot mais je n'attendais pas après la vie. Elle était là, juste là, à côté, dans le fauteuil en rotin. Je savais que c'était merveilleux au moment même où ça se produisait, même si je me doutais, au fond, qu'une ligne d'arrivée nous guettait quelque part.

Aujourd'hui, quand je retourne à la maison de Maggie comme invité, je m'arrête tendrement sur la véranda. Je sais que Jesse et moi allons venir ici plus tard dans la soirée avec une tasse de café, mais ça ne sera pas vraiment comme à l'époque du ciné-club. Bizarrement, le reste de la maison, la cuisine, la chambre, le salon et la salle de bain ne portent aucune trace de mon passage. Je n'ai aucune attache, aucun écho du temps que j'y ai passé. Sauf sur la véranda.

Mais où j'en étais? Ah oui, la visite de Rebecca par ce bel après-midi de printemps.

Elle a gravi les marches à pas légers; Jesse est resté assis. Il y a eu un échange entre eux; elle était debout avec ses mains dans les poches de sa veste, l'expression sur son visage était celle d'une hôtesse de l'air qui pense avoir entendu un commentaire déplaisant mais qui n'est pas certaine d'avoir bien compris. Un sourire poli mais prudent. Quelque chose d'étrange est sur le point de se produire. Au loin, je voyais un des gars de la construction, figé, la main sur le côté d'une échelle, regardant par ici.

J'ai entendu la porte s'ouvrir et ils sont entrés. «Salut David», a dit Rebecca. Légère, en contrôle. Ou du moins c'était l'impression qu'elle voulait donner. «Comment ça va aujourd'hui?»

Ça m'a pris par surprise encore une fois. «Comment je vais? Ben, voyons voir. Bien, je pense. Comment va l'école?»

— On est en vacances, là, alors je travaille chez Gap.

— Tu vas finir par mener le monde, Rebecca.

— C'est juste que j'aime bien avoir mon propre argent.

(Est-ce que c'était une allusion?) Jesse attendait derrière elle.

— Heureux de te revoir, Rebecca.

— Moi aussi, David.

Jamais «monsieur Gilmour». Ils sont descendus.

Je suis allé au deuxième étage. J'ai allumé l'ordi et regardé mes courriels pour la troisième fois de la journée. Maggie était la dernière personne sur Terre à avoir une connexion internet téléphonique, et donc il fallait chaque fois attendre les bourdonnements, couinements et grincements avant que l'écran s'allume.

J'ai lu le journal du jour en ligne. J'ai regardé par la fenêtre et j'ai vu notre voisine Eleanor bêcher au hasard dans son jardin. Se préparer pour une nouvelle saison. Son cerisier était en pleine floraison. Au bout d'un moment, je suis allé en haut de l'escalier. Je pouvais entendre les murmures de conversation monter du sous-sol. La voix de Rebecca, fébrile; puis celle de Jesse, étrangement neutre, même trop, comme s'il essayait de descendre sa voix dans sa poitrine. De prendre une certaine attitude.

Puis un silence, suivi de pas sur le plancher en bas, deux paires de pieds. Aucun échange de paroles. La porte d'entrée qui s'ouvre et se referme, doucement, comme pour ne pas me déranger. Quand je suis arrivé en bas, j'ai vu Jesse. Il était penché en avant, l'air sombre. Au loin j'ai remarqué la petite silhouette, Rebecca, battant en retraite dans le stationnement. Les gars de la construction, la tête tournée dans sa direction.

Je me suis assis dans la chaise grinçante. Nous sommes restés comme ça un moment. Puis j'ai dit: «Quoi de neuf?»

Jesse s'est tourné vers moi, sa main levée qui assombrissait ses yeux. Je me suis demandé s'il avait pleuré. «On vient de se laisser.»

Voilà ce que je craignais depuis le début. Un nouveau type avec une voiture et un appartement luxueux, un courtier en bourse, un jeune avocat. Un public plus approprié pour les aspirations professionnelles de Rebecca.

— Qu'est-ce qu'elle a dit?

— Elle a dit qu'elle allait mourir, sans moi.

J'ai cru un instant que j'avais mal compris. «Elle a dit quoi?»

Il a répété.

— C'est toi qui l'as laissée?

Il a hoché de la tête.

— Mais pourquoi t'as fait ça ?

— J'imagine que j'en avais assez de juste parler de notre relation.

Je l'ai regardé longuement, son teint pâle, ses yeux brumeux. Au bout d'un moment, j'ai dit : « Je suis désolé de te poser la question mais il le faut. As-tu la gueule de bois aujourd'hui ? »

— Un peu, mais ç'a pas rapport.

— Merde.

— Non, vraiment, p'pa, aucun rapport.

En pesant mes mots, je lui ai dit : « Avec les années, Jesse, j'ai appris que c'est jamais une bonne idée de prendre des décisions importantes quand on a de l'alcool dans le sang. » Il a ouvert la bouche pour parler. « Même juste un peu d'alcool. Comme quand on a la gueule de bois. »

Il a regardé au loin.

— Qu'est-ce que tu peux faire pour réparer tout ça ? ai-je demandé.

« Je veux pas réparer ça. » Il avait aperçu les gars de la construction. On aurait dit que leur image renforçait quelque chose en lui.

J'ai dit : « O.K., laisse-moi te dire une chose puis après tu feras ce que tu veux, O.K. ? »

— O.K.

— Quand tu laisses une femme, il peut arriver des choses qui, tu le penses, vont pas te déranger. Puis quand elles arrivent, tu te rends compte que ça te dérange beaucoup.

— Genre, un nouveau gars ?

— Je veux pas être brutal avec tout ça mais il y a certains facteurs à prendre en considération avant de quitter quelqu'un. Et l'un d'eux, le plus important, d'habitude, c'est le fait qu'elle va se retrouver avec quelqu'un d'autre. Et crois-moi, ça peut être une expérience assez rebutante.

— Qu'est-ce que ça veut dire, rebutante?

— Désagréable. Dans ce cas-ci, horrifiante.

— Je sais que Rebecca va se retrouver avec quelqu'un d'autre, si c'est ça que t'essaies de dire.

— Vraiment? Y as-tu réellement pensé?

— Ouaip.

— Est-ce que je peux te raconter une histoire? Ça te gêne?

«Non, non.» Il avait l'air distrait. Merde, je me suis dit. Ça fait juste commencer. «J'avais un ami à l'université. En fait, tu le connais. Il habite sur la côte ouest. Arthur Cramner.»

— Je l'aime bien, Arthur.

«Oui, beaucoup de monde aime Arthur. C'était un peu ça le problème. J'avais une copine, une fois – ça fait longtemps de ça; j'avais peut-être quelques années de plus que toi. Elle s'appelait Sally Buckman. Et un jour je dis à Arthur – c'était mon meilleur ami: "Je pense que je vais laisser Sally." Alors il dit: "Ah ouais?" Il l'aimait bien. La trouvait sexy. Et elle l'était.

«J'ai dit: "Si tu veux, genre, *voir* Sally après, ça me dérange pas." Et je le croyais. J'en avais fini avec elle. Quelques semaines plus tard, peut-être un mois, j'ai quitté Sally Buckman et je suis parti au chalet d'un ami pour la fin de semaine. Tu me suis toujours?»

— Ouaip.

J'ai continué. «À cette époque-là, Arthur et moi on jouait dans un petit band de garage; je jouais de la batterie, il chantait et jouait de l'harmonica; on se prenait pour des rock stars. Minces et irrésistibles.

«Le dimanche soir, je reviens du chalet où j'avais passé mon temps à faire bouillir les racines de plants de pot que j'accrochais à l'envers, et je m'ennuyais pas du tout de Sally. En fait, de temps en temps, je ressentais des bouffées de soulagement qu'elle soit pas là.

«Je me suis rendu directement à une pratique du band. Et Arthur était là. Le charmant, l'aimable Arthur Cramner, à jouer de l'harmonica, à discuter avec le bassiste, à faire le bon gars. Pendant toute la pratique, je le regardais, j'avais toujours cette envie de lui demander : "As-tu vu Sally pendant que j'étais parti?" Mais j'en ai pas eu la chance. Je commençais à angoisser. Ce dont j'étais curieux, au début, me faisait peur maintenant.

«Donc la pratique se termine, les autres gars partent, et je suis assis dans la voiture avec Arthur. Finalement je me tourne vers lui et je lui dis tout bonnement : "Et puis, t'as vu Sally cette fin de semaine?" Puis sur un ton franchement joyeux, il me répond : "Oui, je l'ai vue", comme si c'était une question intéressante à laquelle il avait une réponse intéressante. Alors je dis – et les mots sont sortis tous seuls – : "Est-ce qu'y a comme quelque chose qui se passe entre vous deux?" Puis il me dit, solennel : "Oui, y a quelque chose."

«Je te jure, Jesse, c'était comme si le film se déroulait dix fois plus vite que d'habitude. Le monde défilait à côté. Je pouvais même pas émettre un bruit. Il a dit : "Tiens, prends une cigarette", ce qui a empiré les choses. J'ai commencé à parler super vite, à dire que "tout" était O.K. mais que la vie était bizarre, que les choses changeaient vraiment vite.

«Puis je lui ai demandé de me conduire chez Sally. Il m'a laissé devant son appartement rue Brunswick. Je me souviens encore de l'adresse. J'ai monté l'escalier en courant comme s'il y avait le feu, bang, bang, bang; Sally est venue répondre en robe de chambre, elle avait l'air, comment dire, habilement timide. Genre, "Oh, y avait une bombe dans le paquet que je t'ai envoyé?"

«J'ai fini en larmes à lui dire à quel point je l'aimais, que j'avais "vu la lumière", tout ça. J'ai balancé tout ça comme un torrent. Et je me croyais, chaque mot que je prononçais. Tu vois ce que je veux dire, non?

«Donc je suis revenu avec elle. Je lui ai fait jeter les draps et je l'ai obligée à me raconter tout ce qui s'était passé. Avez-vous fait ceci, avez-vous fait cela. Des questions dégoûtantes; des réponses dégoûtantes aussi.» (Sur quoi Jesse a ri.) «Ça m'a pris environ un mois pour me rappeler à quel point elle m'ennuyait puis je l'ai laissée une deuxième fois. Pour de bon cette fois. Mais je me suis assuré qu'Arthur n'était pas en ville quand je l'ai fait. J'avais le pressentiment qu'elle allait ressortir ses vieux trucs et je voulais pas qu'il soit dans le décor.»

— Est-ce qu'elle s'est essayée?

— Oui. Elle a retrouvé mon cinglé de frère puis elle a baisé avec lui. C'était un paquet de troubles, cette fille, je te le dis, mais c'est pas ça l'important. L'important c'est que parfois, on sait pas comment on va réagir devant ce genre de choses avant qu'il soit trop tard. Faut pas être impulsif avec ça.

Eleanor est sortie sur sa véranda et elle a mis une bouteille de vin dans le bac de recyclage. Elle a jeté un regard endolori vers le bout de la rue, comme si elle y voyait une chose déplaisante, des nuages de pluie ou des vandales, puis elle nous a aperçus, à quelques pas d'elle.

«Oh.» Elle était surprise. «Salut, vous deux. Vous êtes dans votre bureau, à ce que je vois.» Un furieux sourire plein de dents.

Jesse a attendu qu'elle soit partie. «Je pense pas qu'un de mes amis sortirait avec Rebecca.»

— L'affaire, Jesse, c'est qu'elle va sortir avec *quelqu'un* puis, crois-moi, elle va s'arranger pour que tu sois au courant. As-tu pensé à ça?

Avec sa voix d'adulte, un ton plus bas que d'habitude, il a dit: «Je pense que ça va être difficile pendant quelques semaines, puis après ça va aller.»

J'ai insisté. «O.K., je vais te dire une dernière chose puis après je t'en reparle plus. Tu peux *défaire* tout ça. Tu peux prendre le téléphone à l'instant et la faire revenir ici et t'éviter beaucoup d'inconfort.» Je lui ai donné le temps d'absorber cette idée. «À moins que tu veuilles vraiment plus d'elle.»

Pause. «Je veux vraiment plus d'elle.»

— T'es sûr?

Hésitant, il regardait du côté de l'église les silhouettes qui s'affairaient à sa base. Je pensais qu'il avait des regrets. Puis il a dit: «Penses-tu que j'aurais pas dû pleurer? Que ça faisait pas viril?»

— Quoi?

— Pendant qu'on se quittait. Elle pleurait aussi.

— J'imagine.

— Mais tu penses pas que ça faisait bébé, genre?

— Je pense qu'il y aurait eu quelque chose de travers, si t'avais pas pleuré, quelque chose de froid et d'un peu détestable.

Une voiture est passée.

— As-tu déjà pleuré devant une fille?

J'ai dit: «La question c'est plutôt devant quelle fille j'ai *pas* pleuré.» Quand j'ai entendu son rire, quand j'ai vu, ne serait-ce qu'un instant, le malheur disparaître de ses traits (c'était comme, d'un souffle, chasser des cendres sur une belle table), je me suis senti plus léger, une légère nausée venait de quitter mon corps. Si au moins je pouvais le garder comme ça, je me disais. J'avais déjà des images de lui se réveillant à trois heures du matin en pensant à elle, c'était le mur de ciment vers lequel il était en train d'accélérer aveuglément.

Mais pas pour le moment. Pour le moment, nous étions assis sur la véranda, son moral temporairement sorti de son cercueil, auquel il allait retourner, je le savais, comme un fantôme au crépuscule. J'étais sur le point de lui montrer à nouveau *Le dernier tango à Paris* mais ça ne semblait plus être une bonne idée. La scène du beurre allait peut-être mener à toutes sortes d'images désagréables. Alors quoi? *Tootsie* (1982), trop romantique; *Vanya on 42nd Street* (1994), trop russe; *Ran* (1985), trop bon pour prendre le risque qu'il perde le fil. Finalement, j'ai trouvé: un film qui donne envie de prendre un pistolet et de vider quelques chargeurs dans la porte de sa *propre* voiture. Un film «fuck you».

J'ai glissé *Thief* (1981) de Michael Mann dans le lecteur DVD comme si c'était un chargeur de neuf millimètres. Le générique d'ouverture défilait (un des meilleurs, deux gars qui éventrent un coffre-fort). Musique de Tangerine Dream, une bande sonore qui ressemble à de l'eau qui circule dans une tuyauterie de verre. Vert pastel, rose électrique, bleu néon. Regarde comment la machinerie est filmée, l'amour avec lequel les chalumeaux et les perceuses sont éclairés et photographiés; la caméra s'attarde sur eux comme un charpentier qui contemple ses outils.

Et James Caan, bien sûr. À son meilleur. Remarque bien la scène où il se rend chez un prêteur sur gages et où le gars prétend ne pas savoir de quoi il parle.

Remarque la pause que fait Caan. On dirait qu'il est si furieux qu'il a besoin de reprendre son souffle avant de prononcer la dernière phrase : «Je suis le dernier gars au monde que tu veux avoir contre toi.»

— Attache ta ceinture, j'ai dit. On y va.

———————

Rebecca est revenue le lendemain. Elle avait un look prémédité, chemise de soie noire, minuscules boutons dorés, jean noir. Elle venait lui donner un dernier aperçu du dessert avant de le lui enlever. Ils se sont assis sur la véranda et ont parlé un moment. J'entre-choquais des chaudrons dans la cuisine en arrière, je mettais la radio très fort. Je pense même que j'ai fredonné.

La conversation n'a pas duré très longtemps. Quand je me suis glissé dans le salon («je viens juste épous-seter») pour jeter un coup d'œil, j'ai vu un spectacle étrange. Jesse était penché en avant dans le fauteuil en rotin, une position d'inconfort physique, comme s'il attendait le dernier siège dans l'autobus, tandis que, plus bas, sur le trottoir, une Rebecca animée (habillée, me semblait-il maintenant, comme une veuve noire) parlait à un attroupement de jeunes adolescents, des amis de Jesse qui passaient le voir. Son attitude démontrait une aisance légère et gracieuse, elle n'avait pas l'air de quelqu'un qui vient d'être débouté en appel, et il m'est apparu qu'il y avait quelque chose de dangereux chez cette fille. Jesse l'avait senti et s'en était lassé. C'était, je me disais en moi-même, un spécimen beaucoup plus sain que moi. Je n'aurais jamais pu quitter une fille aussi belle, me défaire du plaisir exaltant, comme de la cocaïne, d'avoir une copine plus belle que celle de tous les autres. Petit, affreux, pitoyable, je sais. Je sais.

Bientôt la véranda a grouillé de jeunes ados. Rebecca était partie. J'ai appelé Jesse et j'ai fermé la porte derrière lui. Doucement, j'ai dit : «Fais attention à ce que tu dis à ces gars-là, O.K. ?»

Son pâle visage me regardait. Je distinguais une sueur d'excitation sur lui. «Tu sais ce qu'elle m'a dit ? Elle a dit : "Tu me reverras plus jamais."»

J'ai eu un geste d'impatience. «C'est parfait. Mais promets-moi que tu vas faire gaffe à ce que tu dis.»

«Ouais, ouais», a-t-il dit rapidement, mais je voyais bien à son ton qu'il avait déjà trop parlé.

8

On s'est fait un petit festival de l'horreur. Quand j'y repense, je me dis que ce n'était peut-être pas un choix judicieux – Jesse était probablement plus fragile qu'il ne le disait –, mais je voulais l'empêcher de s'abandonner à la fortuite, à l'accidentelle intros-pection déprimante que permet un film moins engageant. J'ai commencé par *Rosemary's Baby* (1968), un cauchemar gothique à propos d'une New-Yorkaise (Mia Farrow) qui se fait engrosser par le diable. J'ai dit à Jesse : « Remarque la scène célèbre où on voit une vieille femme [Ruth Gordon] qui parle au téléphone. À qui elle parle ? Est-ce que le réalisateur, Roman Polanski, a fait une erreur ou il cherche à produire un effet ? »

Je raconte à Jesse un peu de la pénible vie de Polanski ; la mort de sa mère à Auschwitz quand il était petit ; son mariage avec Sharon Tate, qui était enceinte quand elle a été assassinée par les disciples de Charles Manson ; puis sa fuite des États-Unis après avoir été reconnu coupable du détournement d'une mineure de treize ans.

Jesse m'a demandé : « Penses-tu que quelqu'un devrait aller en prison pour avoir couché avec une fille de treize ans ? »

— Oui.

— Mais tu penses pas que ça dépend de la fille ? Je connais des filles de cet âge-là qui ont plus d'expérience que moi.

— Ça fait rien. C'est contre la loi et c'est comme ça que ça doit être.

J'ai changé de sujet et j'ai raconté l'étrange anecdote de Polanski qui passe les grilles d'entrée des studios Paramount le premier jour du tournage de *Rosemary's Baby* – une grosse production hollywoodienne avec de vraies vedettes de cinéma, Mia Farrow, John Cassavetes, la preuve qu'il avait « réussi » – et qui ressent une curieuse déception. J'ai lu ce passage de l'autobiographie de Polanski : « J'avais soixante techniciens à mes ordres et je portais la responsabilité d'un énorme budget – du moins comparé à ce que j'avais eu jusque-là –, mais la seule chose à laquelle je pensais, c'était les nuits blanches passées à Cracovie, des années plus tôt, à la veille de commencer mon premier court métrage, *La bicyclette*. Rien n'allait égaler le vertige de cette première fois. »

— Qu'est-ce que ça te dit cette histoire ?

— Que les choses arrivent pas toujours comme on le pensait.

— Quoi d'autre ?

— Qu'on est peut-être plus heureux qu'on le pense, aujourd'hui.

— Avant, je pensais que ma vie allait commencer quand j'allais finir l'université. Puis j'ai pensé que ça arriverait quand j'allais publier mon premier roman ou quand j'allais être célèbre ou quelque chose de débile comme ça.

Je lui ai raconté la chose renversante que mon frère m'avait dite une fois : il ne pensait pas que sa vie allait commencer avant l'âge de cinquante ans. «Et toi? ai-je demandé à Jesse. Quand penses-tu que ta vie va commencer?»

— Moi?

— Oui, toi.

«Je crois pas à ces affaires-là», a-t-il dit en se levant dans une bouffée d'excitation, une excitation d'idées. «Tu sais ce que je pense? Je pense que la vie commence le jour où on vient au monde.»

— T'es un homme très sage.

Puis, dans un geste de plaisir incontrôlable, il a frappé ses mains l'une contre l'autre, pow!

Je lui ai dit: «Tu sais ce que je pense, moi? Je pense que tu devrais aller à l'université. C'est ce qu'ils font là-bas. Ils sont assis et ils discutent de ces affaires-là. Sauf que contrairement à ton salon, où y a juste ton papa, là-bas y a des zillions de filles.»

Il a incliné la tête de côté. «Vraiment?»

Et comme ce premier jour – ça me paraissait si loin – avec *Les quatre cents coups*, j'ai su en rester là.

————

Je lui ai montré ensuite *The Stepfather* (1987), un film à petit budget avec une intrigue ridicule mais, watatow, prépare-toi pour la scène où un agent d'immeubles – il vient tout juste de massacrer sa propre famille – emmène un acheteur faire la visite d'une maison vide; regarde son visage au fur et à mesure qu'il comprend que c'est à un psy qu'il est en train de parler, pas à un client; puis *The Texas Chain Saw Massacre* (1974), très mal exécuté mais qui exploite une idée d'une terreur si prenante que seul le subconscient peut en accoucher; puis un des tout premiers films de David Cronenberg, *Shivers* (1975). Une expérience scientifique tourne mal dans un gratte-ciel morne de Toronto. Des maniaques sexuels s'embusquent dans les corridors. *Shivers* a servi de modèle à l'estomac explosif dans *Alien* (1979). Je dis à Jesse de ne pas manquer la scène finale, cette image dérangeante de ce qui semble être des larves de voitures rampant hors de l'appartement pour répandre la terreur. Ce film à très petit budget, étrangement érotique, annonçait l'arrivée de la sensibilité toute particulière de Cronenberg: un gars brillant avec un esprit tordu.

Nous sommes passés à *Psycho* (1960) de Hitchcock. Une chose est vraie à propos des expériences marquantes qu'on vit au cinéma : on se souvient toujours du lieu où on les a vécues. J'ai vu *Psycho* au cinéma Nortown à Toronto quand il est sorti en 1960. J'avais onze ans, et je détestais les films de peur, je les ressentais avec une acuité qui inquiétait mes parents, mais j'y suis allé parce que mon meilleur ami y allait, un garçon à la peau aussi dure que celle d'un rhinocéros.

Il y a des fois où l'on a si peur qu'on est paralysé, où l'électricité traverse le corps comme si on s'était enfoncé les doigts dans une prise électrique. C'est ce qui m'est arrivé dès les premières scènes de *Psycho*: pas la scène de la douche elle-même, je m'étais enfoui le visage dans le creux de mon bras rendu là, mais plutôt le moment juste avant, quand on peut voir à travers le rideau que quelqu'un vient d'entrer dans la salle de bain. Je me souviens être sorti du cinéma Nortown, par cet après-midi d'été, en pensant que quelque chose n'allait pas avec la lumière du jour.

Sur une note plus scolaire, j'ai indiqué à Jesse que le film avait été tourné, et éclairé, comme un film cheap du genre *exploitation*. J'ai aussi fait valoir que *Psycho* était la preuve qu'un chef-d'œuvre pouvait avoir des défauts. Sans dire lesquels pour le moment. (Je pensais à cette horrible fin bavarde mais je voulais le laisser la repérer.)

Puis un film exceptionnel, *Onibaba* (1964). Ce film d'horreur en noir et blanc a pour cadre un monde onirique de marais et de roseaux dans le Japon féodal du quatorzième siècle et raconte l'histoire d'une femme et de sa belle-fille qui survivent en tuant des soldats perdus et en vendant leurs armes. Mais le vrai sujet du film est le sexe, l'attrait obsessif qu'il peut exercer sur quiconque s'en approche de trop près. Tandis que je parlais, je voyais l'attention de Jesse changer, elle n'errait pas mais elle se tournait vers l'intérieur. Il pensait à Rebecca, à ce qu'elle était en train de faire, avec qui, en quel endroit.

— À quoi penses-tu?

— À O. J. Simpson, m'a-t-il répondu. Je me dis que s'il avait attendu juste six mois, il en aurait eu rien à foutre de qui sa femme baisait.

J'ai parlé à Jesse de cette horrible scène où la vieille femme essaie d'arracher un masque de diable de son visage. (Il a rétréci sous la pluie.) La femme tire et pousse et tord, du sang lui coule sur la gorge, sa belle-fille frappe le masque, crac, crac, crac, avec une pierre tranchante. J'ai dit que ce même masque a inspiré William Friedkin dans la flush royale de tous les films d'horreur, la chose la plus épeurante à avoir été tournée, *The Exorcist* (1973). C'était le prochain sur la liste, et c'est lui qui nous a achevés. La première fois que j'ai vu *The Exorcist*, j'avais vingt-trois ans, et il m'a fait tellement peur que je me suis enfui du cinéma au bout d'une demi-heure. Quelques jours plus tard, je suis revenu et je me suis réessayé. Je me suis rendu à la moitié, mais quand la tête de la petite fille s'est mise à faire des rotations, avec ces bruits de ligaments qui craquent, j'ai eu l'impression que mon sang s'était glacé et j'ai disparu une seconde fois. Ce n'est qu'à la troisième que j'ai tenu le coup, en regardant le film à travers mes doigts et en me bouchant les oreilles avec les pouces. Pourquoi est-ce que j'y retournais à chaque fois ? Parce que j'avais l'impression que c'était un grand film, non pas intellectuellement, je ne crois pas que le réalisateur lui-même se préoccupait des idées que le film recelait, mais parce que c'était une réussite artistique unique. Le travail d'un réalisateur prodigieusement talentueux à l'apogée de sa maturité artistique.

J'ai aussi souligné que Friedkin, qui venait de réaliser *The French Connection*, était, d'après plusieurs sources, un tyran en plein syndrome borderline. L'équipe l'avait surnommé «Wacky Willie», Willie le fêlé. C'était un réalisateur vieux jeu qui criait après tout le monde, qui écumait, virait des employés le matin et les réengageait le soir. Il tirait au pistolet sur le plateau pour faire peur aux acteurs et faisait jouer des enregistrements éprouvants – des grenouilles arboricoles d'Amérique du Sud ou la bande originale de *Psycho* – à fond la caisse. Ça gardait tout le monde gentiment sur les nerfs.

À lui seul il a fait exploser le budget de *The Exorcist*, qui est passé du quatre millions prévu à un mirobolant douze millions. Un jour, sur le plateau à New York, il a supposément fait un gros plan d'une plaque sur laquelle cuisait du bacon et n'aurait pas aimé la façon dont le bacon se recroquevillait ; il a fermé le plateau pour qu'on aille trouver du bacon sans agents de conservation qui resterait plat. Friedkin travaillait si lentement qu'un membre de l'équipe qui était tombé malade est revenu au boulot après trois jours pour retrouver tout le monde encore en train de bosser sur la scène du bacon.

Les producteurs voulaient Marlon Brando pour jouer le rôle du père Karras, l'exorciste senior, mais Friedkin avait peur, maladivement, disaient certains, que le film devienne «un Brando» plutôt que le sien. (Des mauvaises langues avaient dit la même chose à Francis Coppola au sujet de *The Godfather*, qui venait de sortir.)

Il y a une histoire qui a couru pendant des années voulant que, lors d'une des scènes dans laquelle il se servait d'un acteur non professionnel pour jouer un prêtre (l'homme en était un dans la vraie vie), Friedkin n'obtenait pas la performance qu'il voulait. Alors il a demandé au prêtre : «Me faites-vous confiance ?» L'homme d'Église a dit oui, sur quoi Willie a fait un pas en arrière et l'a frappé en plein visage. Friedkin a eu la performance qu'il voulait. On peut le voir quand Father Damien reçoit les derniers sacrements au pied de l'escalier. Les mains du prêtre tremblent toujours.

Le talent, comme je l'avais dit à Jesse plus tôt, se terre dans des recoins étranges et parfois indignes de lui. Friedkin était peut-être un crétin, ai-je fait remarquer, mais on ne pouvait pas nier son sens inné du visuel. Chaque fois que cette caméra monte l'escalier vers la chambre de l'enfant, on sait que quelque chose d'autre se prépare, quelque chose d'horrible et de pire que la fois précédente.

Jesse a dormi sur le divan ce soir-là, deux lampes allumées. Le lendemain, tous deux légèrement embarrassés au sujet des horreurs de la veille, nous avons convenu d'interrompre le festival d'horreur pour un moment. De bonnes comédies, des filles légères, Woody Allen, la Nouvelle Vague, n'importe quoi. Mais plus d'horreur. Il y a des moments dans *The Exorcist*, quand la petite fille est assise sur le lit, très calme, qu'elle parle avec une voix d'homme, où l'on a le sentiment de vaciller sur le seuil d'un endroit qu'on ne devrait jamais visiter.

9

En me relisant, je prends conscience que j'ai peut-être donné l'impression qu'il se passait alors peu de choses dans ma vie à part écouter des films et pontifier sur le divan à côté de mon fils. Ce n'était pas le cas. J'avais alors trouvé un peu de travail, des critiques de livres, un documentaire qui avait besoin de retouches, même quelques jours de suppléance (forcément douloureux, bien sûr, mais pas l'expérience humiliante que je craignais).

J'ai vendu mon loft dans l'usine de bonbons et, avec la manne qui en a découlé, ma femme et moi avons acheté une maison victorienne aux abords du China-town. Maggie est enfin retournée chez elle. Tant de bonheur, pendant cette année et quelque. Elle était toujours d'avis, par contre, qu'il avait besoin de «vivre avec un homme». J'étais d'accord. Ma femme, Dieu merci, était d'accord. Lors d'une fête de famille à Noël, une petite tante à la voix fluette, directrice d'école secondaire à la retraite, m'avait dit : «Détrompe-toi. Les garçons, à l'adolescence, ont besoin d'autant d'attention que des nouveau-nés. Seulement c'est de leur père qu'ils doivent la recevoir. »

Jesse, avec ses trois sacs poubelles surdimensionnés pleins de vêtements et de CD sans boîtiers, a traversé la ville avec Tina et moi. Il a pris la chambre bleue au troisième étage, la plus tranquille, la mieux aérée. Je lui ai acheté une affiche d'un tableau de John Waterhouse, des jeunes filles nues se baignant dans un étang, et je l'ai accrochée entre des posters d'Eminem (un gars qui a l'air bien ordinaire, quand on le regarde comme il faut), Al Pacino avec un cigare (*Scarface*) et un braqueur avec un bas de nylon sur la tête et qui nous menace de son pistolet neuf millimètres : SAY HELLO TO DA BAD GUYZ.

En fait, tandis que j'écris ces lignes, je ne suis qu'à quelques mètres, de l'autre côté du corridor, de la chambre bleue de Jesse, maintenant vide, un de ses vieux t-shirts abandonné sur un crochet derrière la porte. La pièce est mieux rangée ces jours-ci, un DVD de *Chungking Express* (1994) dans un tiroir de sa table de chevet aux côtés de *Middlemarch* (jamais lu), *Glitz* d'Elmore Leonard (au moins il ne l'a pas vendu), *Les cosaques* de Tolstoï (mon idée) et *The Nasty Bits* d'Anthony Bourdain, qu'il a laissé la dernière fois qu'il a dormi ici avec sa copine. Je trouve du réconfort dans la présence de ces objets, comme s'il était encore ici, du moins en esprit, qu'il reviendra bien un jour.

Pourtant, et je ne veux pas tomber dans le sentimentalisme, certains soirs je passe devant sa chambre en me rendant dans mon bureau et je jette un coup d'œil à l'intérieur. Le clair de lune tombe sur le lit, la pièce est tout à fait paisible et je ne peux pas vraiment croire qu'il soit parti. Il y avait d'autres changements qu'on devait apporter à la chambre, d'autres affiches, un

autre crochet sur le mur. Mais nous avons manqué
de temps.

L'automne dans le Chinatown ; les feuilles rougis-
saient dans les forêts gigantesques au nord de la ville.
Des gants sont apparus sur les mains des femmes
qui passaient à bicyclette devant notre maison. Jesse
s'est trouvé un boulot à temps partiel, il travaillait
au téléphone pour une paire de charognes de télé-
marketeurs qui ramassaient des fonds pour un « magazine de pompiers ».

Tôt, un soir, je suis passé au « bureau », un petit
local crasseux avec six ou sept cubicules parmi les-
quels étaient assis un jeune Blanc des bas-fonds, un
Pakistanais, une femme obèse avec une piscine de
Coke devant elle, tous au téléphone. Je me suis dit :
Merde. C'est dans ce trou que je l'ai jeté. Voilà l'avenir.

Et il était là, tout au fond, le téléphone collé à l'oreille,
sa voix enrouée à force de harceler des vieillards, des
ermites et des crédules à l'heure du souper. Il était bon
vendeur au téléphone, ça se voyait. Il attrapait des gens
au téléphone et les gardait en ligne, il les charmait, les
faisait rire en racontant des blagues jusqu'à ce qu'ils
crachent le montant voulu.

Les patrons étaient là aussi, un avorton avec un
coupe-vent jaune et puis son bonimenteur de parte-
naire, un escroc avec une belle gueule nommé Dale.
Je me suis présenté. Jesse était leur meilleur vendeur,
disaient-ils. Numéro un sur le « plancher ». Derrière
nous, j'attrapais de petits bouts de conversations dans
un anglais à peine compréhensible, une voix d'Europe

de l'Est avec un accent si prononcé qu'on se serait cru dans une sitcom ; du bengali émanait d'un autre cubicule ; puis la voix nasillarde d'une femme ponctuée par le bruit de quelqu'un qui suce des cubes de glace avec une paille. Le son d'une pelle qu'on frotte sur du ciment.

Jesse s'est dirigé vers moi, la démarche sautillante qu'il a quand il est content. Il a dit : «Allons discuter dehors», ce qui voulait dire qu'il ne voulait pas que je parle davantage à ses patrons, que je les questionne sur le «magazine de pompiers». Genre, y avait-il un exemplaire sur lequel mettre la main ? (Il n'y en avait pas.)

Je l'ai emmené manger au Paradis ce soir-là. (Si j'avais une dépendance, ce n'était pas l'alcool, la cocaïne ou les revues pornos ; c'était manger au restaurant même quand j'étais à sec.)

«Est-ce que t'as déjà *vu* ce magazine de pompiers ?» ai-je demandé. Il a mastiqué son steak de bavette un moment, la bouche ouverte. Peut-être n'étais-je toujours pas remis de la sieste que j'avais faite cet après-midi-là, mais le voir manger la bouche ouverte après lui avoir dit quatre mille fois de ne pas le faire, ça m'a plongé dans un désespoir d'irritation.

— Jesse, je t'en prie.

— Quoi ?

J'ai fait une expression assez grossière avec ma bouche.

En temps normal, il aurait ri (même si ce n'était pas drôle), se serait excusé et serait passé à autre chose, mais ce soir-là il a eu une hésitation. J'ai vu son visage pâlir légèrement. Il regardait son assiette comme s'il était en train de prendre une décision, une décision difficile, de surmonter une sensation physique. Puis il a simplement dit : «O.K.». Mais je sentais qu'une chaleur restait dans l'air. Comme si j'avais ouvert la porte d'une fournaise puis l'avais refermée.

— Si tu veux pas que je corrige tes manières à table...

«Ça va», a-t-il dit, balayant de la main. Sans me regarder. J'ai pensé : Oh non, je l'ai ridiculisé. J'ai blessé son orgueil en faisant cette face stupide. Nous sommes restés assis comme ça un moment, lui à mastiquer, regardant son assiette, moi à le regarder avec une détermination qui s'effritait. «Jesse», ai-je dit doucement.

«Hmmm?» Il m'a regardé, mais pas comme on regarde son père, plutôt comme Al Pacino regarde un trou de cul dans *Carlito's Way* (1993). Nous avions franchi une étape, quelque part. Il en avait assez d'avoir peur de moi et voulait me le faire savoir. En fait, l'équilibre changeait de façon encore plus radicale. Je me sentais intimidé par son mécontentement.

— Veux-tu aller fumer une cigarette dehors, reprendre tes esprits ?

— Ça va.

— C'est grossier ce que je viens de faire. Je m'excuse.

— C'est bon.

— Je veux que tu me pardonnes, O.K. ?

Il n'a pas répondu. Il pensait à autre chose.

— O.K. ? ai-je répété doucement.

— O.K., O.K., c'est fait.

«Qu'est-ce qu'y a?» ai-je demandé encore plus doucement. Il tenait sa serviette suspendue au-dessus de la table, la faisait passer et repasser, encore et encore, sur un point précis. Se souvenait-il de la scène où James Dean fait tournoyer une corde, refuse de faire ce qu'on lui demande?

— Des fois je pense que t'as trop d'emprise sur moi.

— Qu'est-ce que tu veux dire?

— Je pense pas que les autres deviennent si (il cherchait le mot), si paralysés quand ils s'engueulent avec leurs pères. Y en a qui vont juste les envoyer chier.

— Je veux pas qu'on en vienne à ça, jamais, ai-je dit, à bout de souffle.

— Non, moi non plus. Mais est-ce que je devrais pas être un peu moins bouleversé par toi?

— Tu l'es?

— C'est pour ça que je fais pas de folies. Je suis terrifié à l'idée que tu sois fâché contre moi.

Ce n'était pas la conversation que j'avais imaginée quand je l'avais invité à manger dans un restaurant trop cher pour mes moyens.

— Terrifié de quoi? Je t'ai jamais frappé, j'ai jamais…

«Je suis comme un petit enfant.» Ses yeux se sont embués de frustration. «Je devrais pas être aussi nerveux à cause de toi.»

J'ai déposé ma fourchette. Je pouvais sentir le sang quitter mon visage. «Tu as plus de pouvoir sur moi que tu le crois.»

— Vraiment?

— Oui.

— Comme quand?

— Comme maintenant.

— Penses-tu que t'as trop de pouvoir sur moi?

J'avais du mal à respirer. J'ai dit: «Je pense que tu veux que j'aie une bonne opinion de toi.»

— Tu penses pas que je suis juste un petit bébé qui a peur de toi?

— Jesse, tu fais six pieds quatre pouces. Tu pourrais – excuse-moi – me donner une volée n'importe quand.

— Tu penses ?

— J'en suis sûr.

Quelque chose s'est détendu dans tout son corps. Il a dit : « Je la prendrais bien, cette cigarette, maintenant. » Je le voyais marcher de long en large de l'autre côté des portes françaises, et au bout d'un moment il est rentré et il a dit quelques mots au barman, qui a ri, puis il a traversé la salle, sous le regard attentif d'une jeune collégienne aux cheveux foncés. Je voyais bien qu'il était heureux tandis qu'il regardait à droite et à gauche, la démarche sautillante, se rassoyait à la table, s'essuyait la bouche. Je lui ai donné ce dont il a besoin, pour l'instant, mais il aura besoin de plus, bientôt.

— Est-ce qu'on peut parler de ce magazine de pompiers ?

— Bien sûr, a-t-il répondu en se servant un verre de vin. (C'était moi qui servais, d'habitude.) J'adore ce restaurant. Si j'étais riche, je mangerais ici tous les soirs.

———————

Les choses étaient vraiment en train de changer entre nous. Je savais qu'avant longtemps nous aurions une empoignade et que je perdrais. Comme tous les autres pères de l'Histoire. C'est ça qui a guidé mon choix du prochain film.

Tout le monde se souvient de ces paroles : « Je sais ce que tu penses : il a tiré six coups ou seulement cinq ? Eh bien, pour être honnête, j'ai moi-même un peu perdu le fil, dans toute cette excitation. Mais comme ce que je tiens dans la main, c'est un .44 Magnum, le fusil le plus puissant au monde, qui pourrait t'arracher la tête proprement, il faut que tu te poses une question : "Est-ce que c'est mon jour de chance ?" Alors, ce l'est, p'tit con ? »

Le jour où le bon Dieu viendra chercher Clint Eastwood, ce monologue va se retrouver dans tous les bulletins de nouvelles de six heures du monde entier, Dirty Harry, à un bout de son fusil, regardant un braqueur de banque hors d'état de travailler et qui se fait travailler. Ce film, voire ce monologue, a précipité Clint Eastwood dans les rangs des meilleurs acteurs américains, aux côtés de John Wayne et Marlon Brando. Une année plus tard, en 1973, un scénariste appelait Clint Eastwood et lui disait qu'il avait appris l'existence d'escadrons de la mort au Brésil, des policiers rebelles qui tuaient des criminels sans se donner la peine de les traîner en justice. Et si Dirty Harry découvrait qu'il existait de tels escadrons de la mort dans la police de Los Angeles ? Ça s'appellerait *Magnum Force*.

Le film allait se faire ; quand il a été en salle pour la période de Noël l'année suivante, il a fait plus d'entrées que *Dirty Harry* ; en fait, il a rapporté plus d'argent à la Warner Bros. dans ses premières semaines que tout autre film de l'histoire de la maison.

Magnum Force est de loin la meilleure des suites de *Dirty Harry*, et elle a cristallisé l'histoire d'amour entre le public et le fusil qui pouvait « faire sortir le bloc moteur d'une voiture à cent pieds de distance ».

— Mais c'est pas pour ça que je te le montre.

— Non ?

J'ai fait un arrêt sur image vers le début du film, quand l'inspecteur « Dirty » Harry Callaghan descend du trottoir dans une rue ensoleillée de San Francisco et s'approche de la voiture d'une victime de meurtre, le corps à l'intérieur, blessure grave à la tête. Derrière Eastwood, sur le trottoir, il y a un homme barbu aux cheveux longs.

— Tu le reconnais? ai-je demandé.

— Non.

— C'est mòn frère.

C'était en effet mon frère ennemi qui se trouvait à passer par San Francisco au moment du tournage. Il avait roulé jusque dans l'Ouest sur un coup de tête, quatre jours, pour rejoindre une secte religieuse, je ne me souviens plus laquelle. Mais quand il s'est présenté à la porte, il a été refusé. Alors il s'est plutôt acheté un billet pour assister à l'enregistrement du *Merv Griffin Show*. Puis, aussi vite qu'il était arrivé, il est reparti pour Toronto. Mais à un certain moment lors de sa première journée, il s'est retrouvé sur un plateau de tournage.

— V'là ton oncle.

Nous avons tous deux étudié l'écran; derrière les cheveux en broussaille et la barbe, il y avait un beau jeune homme, vingt-cinq ans, qui ressemblait à Kris Kristofferson.

— Est-ce que je l'ai déjà rencontré?

— Une fois, quand tu étais petit, il s'était pointé à la maison. Il voulait quelque chose. Je me souviens t'avoir fait rentrer dans la maison.

— Pourquoi?

J'ai regardé l'écran encore une fois. «Parce que mon frère avait le don de semer le trouble. Je voulais pas qu'il t'empoisonne à quatorze ans, quand tu serais prêt à entendre dire du mal à mon sujet. Alors je l'ai tenu à l'écart.»

Nous avons remis le film; l'arrêt sur image a fondu, le film s'est déroulé et mon frère a disparu.

— Mais c'est pas la seule raison. La vraie raison c'est que quand j'étais plus petit que lui, il me faisait peur. Et on finit par détester les gens qui nous font peur. Tu comprends ce que je te dis?

— Ouais.

— Je veux pas que ça nous arrive. Je t'en prie.

Ce «Je t'en prie» lui a donné ce qu'une centaine d'excuses et d'explications n'auraient pas pu lui procurer.

Il n'y avait pas de magazine de pompiers; c'était une arnaque. Quelques semaines plus tard, en allant «travailler», Jesse s'était cogné le nez sur la porte verrouillée, Dale et l'avorton étaient partis. Ils lui devaient quelques centaines de dollars mais ça ne semblait pas le perturber. Le boulot avait rempli sa mission, les premiers pas vers une indépendance par rapport à ses parents. (Il comprenait intuitivement, je crois, que l'indépendance financière consolide l'indépendance émotive.)

Il y avait encore d'autres boulots, et des pires, à trouver et il en a déniché un assez rapidement. Une autre job de télémarketing, cette fois à vendre des cartes de crédit à des familles pauvres du sud des États-Unis, Géorgie, Tennessee, Alabama, Mississippi. Je n'ai pas été invité à rencontrer le patron. Certains soirs, quand il revenait à la maison, la voix ravagée par le téléphone et la cigarette, je le questionnais. Je disais: «Explique-moi pourquoi MasterCard confierait la tâche de vendre des cartes de crédit à une bande de jeunes gars à casquette ? Je comprends pas. »

— Moi non plus, p'pa, mais ça marche.

Pendant ce temps-là, il n'y avait pas de Rebecca à l'horizon : pas une seule rencontre dans un bar, dans la rue, pas de coups de fil, rien. On aurait dit qu'elle avait développé une sorte de radar qui la prévenait quand Jesse était à proximité et elle disparaissait. Elle avait dit : « Tu ne me reverras plus jamais » et elle avait tenu parole.

Je me suis réveillé une nuit, sans raison apparente. Ma femme dormait à côté de moi avec cette expression sur le visage, comme si elle essayait de résoudre un problème de math dans sa tête. Parfaitement réveillé et légèrement anxieux, j'ai regardé par la fenêtre. Il y avait un cercle de brume autour de la lune. J'ai mis ma robe de chambre et j'ai descendu l'escalier. Un boîtier de DVD ouvert gisait sur le divan. Jesse avait dû rentrer tard et regarder un film après que nous étions montés nous coucher. Je me suis dirigé vers le lecteur pour voir ce que c'était mais en approchant, j'avais une sorte de mauvais pressentiment, comme si j'entrais dans une zone dangereuse, que j'allais trouver quelque chose qui me déplairait. Peut-être un film horriblement pornographique qui allait me conforter dans l'efficacité de mes principes éducationnels.

Mais, perversité, agacement, supervision impatiente ? Je ne sais trop ce qui a eu raison de ma prudence mais j'ai fait éjecter le disque. Qu'est-ce qui est sorti ? *Chungking Express*, que j'avais montré à Jesse des mois auparavant. Des images d'une jeune fille asiatique, frêle comme un bonhomme allumette, qui danse seule dans l'appartement d'un étranger. C'était quelle chanson? Ah oui, *California Dreaming*, un hit des Mamas and the Papas, qui prenait une dimension nouvelle, différente de celle qu'elle avait dans les années soixante.

Je ressentais une étrange vigilance, comme si quelqu'un tirait sur ma manche, comme si je regardais une chose intensément mais que je n'arrivais pas à reconnaître ce que c'était. Comme le timbre hors de prix dans *Charade* (1963) de Stanley Donen.

Quelque part dans la maison, j'entendais un bruit sourd, une sorte de cliquètement. J'ai monté l'escalier; le bruit était plus fort; j'ai monté au troisième. J'allais cogner à sa porte – on n'entre pas dans la chambre d'un jeune homme au beau milieu de la nuit sans s'annoncer – quand je l'ai vu dans l'embrasure.

— Jesse? ai-je murmuré.

Pas de réponse. Une lumière verte baignait la pièce, Jesse était à l'ordinateur, dos à moi. Un bruit d'insecte venait des écouteurs sur ses oreilles. Il écrivait à quelqu'un. Un moment intime, clic-clic, clic, clic-clic, mais un moment solitaire: quatre heures du matin, à écrire à un autre gamin à des milliers de kilomètres; à parler de quoi? Rap, sexe, suicide? Là encore je l'ai vu debout au fond d'un puits luisant, brique et mortier tout autour de lui, pas moyen de grimper (trop glissant), pas moyen de fracasser la brique (trop dure), juste une éternité à attendre que quelque chose apparaisse là-haut, un nuage, un visage, une corde qu'on fait descendre.

Et soudain j'ai compris pourquoi le film avait capté mon attention, pourquoi ce film en particulier, *Chungking Express*. Parce que la belle fille lui rappelait

Rebecca; et regarder le film était un peu comme être avec elle.

Je suis retourné me coucher et me suis endormi. D'horribles rêves. Un garçon dans un puits humide, qui attend.

Il ne s'est pas levé avant mon troisième appel le lendemain. Je suis monté dans sa chambre et j'ai doucement secoué son épaule. Il dormait trop profondément. Ça lui a pris vingt minutes avant de descendre. Les feuilles tombaient des arbres dans la lumière de cette fin d'après-midi. Presque une impression marine, comme si, avec ces couleurs vives, des ors et des verts, nous étions sous l'eau. Une paire de souliers de courses (un mauvais tour) pendait des fils électriques. Il y en avait d'autres au bout de la rue. Un garçon avec un t-shirt rouge roulait à bicyclette, fonçait dans des petits tas de feuilles mortes. Jesse semblait apathique.

J'avais envie de lui dire, mais je ne l'ai pas fait : « Tu devrais commencer à aller au gym. »

Il a sorti une cigarette.

— Je t'en prie, pas avant le déjeuner.

Il s'est penché vers l'avant, balançant légèrement la tête. « Penses-tu que je devrais appeler Rebecca ? »

— Est-ce que tu penses à elle ? (Quelle question stupide.)

— À chaque seconde de chaque jour. Je pense que j'ai fait une grosse erreur.

Au bout d'un moment j'ai dit : « Je pense que Rebecca était un paquet de troubles et que tu es parti avant que ça tourne mal. »

Je voyais bien qu'il voulait une cigarette, qu'il n'allait pas pouvoir se concentrer avant d'en fumer une. J'ai dit : « Allume-la si tu veux. Tu sais que ça me rend malade. »

Plus calme, maintenant que la fumée remplissait ses poumons (son teint semblait de plus en plus gris), il a dit : «Est-ce que ça va durer longtemps?»

— Quoi?

— M'ennuyer de Rebecca.

J'ai pensé à Paula Moors, une de mes vieilles peines d'amour; j'avais perdu vingt livres en deux semaines à cause d'elle. «Ça va arrêter le jour où tu vas rencontrer quelqu'un que tu aimes autant qu'elle.»

— Ça peut pas être juste une autre fille?

— Non.

— Même si je trouve une bonne personne? C'est ce que dit maman.

Cette remarque – et son corollaire qu'une «bonne» fille pourrait faire oublier à Jesse son obsession sexuelle pour Rebecca – montrait un côté de Maggie qui était à la fois attendrissant et exaspérant. Cette femme avait enseigné à l'école secondaire dans un petit village agricole de la Saskatchewan, elle avait, à vingt-cinq ans, décidé qu'elle voulait devenir comédienne et avait donc quitté son emploi, fait des adieux larmoyants à sa famille à la gare puis était venue à Toronto – plus de trois milles kilomètres plus loin – pour réaliser son rêve.

Quand je l'avais rencontrée, elle avait les cheveux verts et jouait dans une comédie musicale punk. Et pourtant, quand elle parlait à notre fils de sa vie à lui, de son avenir, surtout, elle oubliait tout ça et devenait une donneuse de conseils époustouflants de naïveté. («Tu devrais peut-être aller au camp de mathématique cet été.») Ses inquiétudes, ses soucis pour son bien-être «valiumaient» son intelligence, qui était normalement intuitive et phénoménale.

Ce qu'elle faisait de mieux pour Jesse, c'était de donner l'exemple, de lui transmettre une gentillesse démocratique, une façon d'accorder aux gens le bénéfice du doute que son père, parfois trop pressé de condamner les autres au détour d'une phrase assassine, ne pouvait pas lui inculquer.

En un mot, elle adoucissait son âme.

— Ta mère est bien intentionnée, mais elle a tort sur ce point.

— Penses-tu que je suis accro à Rebecca ?

— Pas au sens strict du terme.

J'ai pensé encore une fois à Paula Moors et à son départ amaigrissant ; c'était une petite brune aux dents vaguement croches, le genre de défaut qui peut donner à une femme un étrange sex appeal. Dieu qu'elle m'avait manqué. Comme je m'étais langui d'elle. Je me torturais à imaginer des scènes grotesques qui me faisaient changer de t-shirt en plein milieu de la nuit.

— Tu te souviens de Paula ? Tu avais dix ans quand elle est partie.

— Elle me faisait la lecture.

— J'ai cru que je serais hanté par elle pour le restant de mes jours, peu importe avec qui je serais. Qu'il y aurait toujours un «Oui, mais c'est pas Paula».

— Et puis ?

J'ai choisi mes mots avec soin, je ne voulais pas avoir une conversation de vestiaire. «Ça n'a pas été la première femme, ni la seconde ni même la troisième. Mais quand c'est arrivé, quand la chimie a été bonne et que les choses ont bien tourné, je n'ai plus jamais repensé à Paula.»

— T'étais passablement amoché, dans ce temps-là.

— Tu te souviens de ça?

— Ouaip.

— De quoi tu te souviens?

— Je me rappelle que tu t'endormais sur le divan après le souper.

— Je prenais des pilules pour dormir. Grosse erreur. Pause.

— T'as été obligé de te mettre au lit tout seul, une fois ou deux, hein?

J'ai pensé à cet horrible printemps, le soleil qui brillait trop fort, moi qui marchais comme un squelette à travers le parc, Jesse qui me jetait des regards timides. Il m'avait dit, une fois, en me tenant la main: «Tu commences à aller mieux, maintenant, hein, papa?» Ce petit garçon de dix ans qui s'occupait de son père. Merde.

«Je suis comme le gars dans *Le dernier tango à Paris*, a dit Jesse. Qui se demande si sa femme a fait la même chose avec lui qu'avec le gars en robe de chambre.» Je sentais qu'il me regardait, incertain, sans savoir s'il devait aller plus loin. «Penses-tu que c'est vrai?»

Je savais ce qu'il avait en tête. «Je pense qu'il faut nourrir ce genre d'idées.»

Mais il avait besoin de plus. Ses yeux étudiaient mon visage comme s'il cherchait un point précis. Je me suis souvenu de toutes ces nuits passées à me forcer à imaginer les images les plus pornographiques possibles, Paula qui fait ceci, Paula qui fait cela. C'était pour émousser mes sens, pour me dépêcher d'atteindre la ligne d'arrivée, au point où j'en aurais rien à foutre de ce qu'elle faisait avec ses doigts ou de ce qu'elle mettait dans sa bouche, etc., etc.

— Ça prend le temps que ça prend pour oublier une femme, Jesse. C'est comme se laisser pousser les ongles. Tu peux faire ce que tu veux, médicaments, d'autres filles, aller au gym, pas aller au gym, boire, pas boire, on dirait que ça fait aucune différence. T'arrives pas à destination une seconde plus vite.

Il regardait de l'autre côté de la rue; nos voisins chinois travaillaient dans leur jardin, s'interpellaient les uns les autres. «J'aurais dû attendre d'avoir une autre fille.»

— Elle t'aurait peut-être éjecté avant. Penses-y.

Il a regardé droit devant lui un moment, ses longs coudes sur les genoux, s'imaginant Dieu sait quoi. «Qu'est-ce que tu dirais si je l'appelais?»

J'ai ouvert la bouche pour répondre. Je me suis souvenu d'un matin gris de février, après le départ de Paula, où je m'étais réveillé tôt, une neige mouillée qui glissait sur les fenêtres, et je m'étais dit que ce jour interminable allait me rendre fou. *T'as affaire à de la chair délicate. Vas-y doucement.*

— Tu sais ce qu'elle va faire, non?

— Quoi?

— Elle va te punir. Elle va t'appâter puis, juste au moment où tu vas te croire sur le point de compter un but, elle va laisser tomber le rideau.

— Tu penses?

— Elle est pas stupide, Jesse. Elle va savoir exactement ce que tu veux. Mais elle te le donnera pas.

— Tout ce que je veux c'est entendre sa voix.

J'ai dit: «Je suis pas sûr de ça», mais ensuite je l'ai regardé, j'ai vu sa figure triste, j'ai vu que tout son corps semblait aplati. Doucement, j'ai dit: «Je pense que tu vas le regretter si tu remets ça avec elle. T'es presque à la ligne d'arrivée.»

— Quelle ligne d'arrivée?

— Avant de l'oublier.

— Non, non. Je suis même pas près d'y arriver.

— T'es pas mal plus près que tu le crois.

— Comment tu sais? Je voudrais pas être impoli, p'pa, mais comment tu sais?

— Parce que ça m'est arrivé trois millions de fois, ai-je répondu sèchement.

«Je vais jamais m'en remettre», a-t-il répondu, s'abandonnant au désespoir. Une sorte d'irritation me chatouillait, comme une sueur sur ma peau – non pas parce qu'il me questionnait, mais parce qu'il était malheureux et que je ne pouvais rien faire, absolument rien, pour le soulager. Ça me mettait en colère contre lui, comme quand on a envie de frapper un enfant qui tombe et se blesse. Il m'a lancé un coup d'œil, un de ces regards qui remontaient à plusieurs années, un regard inquiet qui disait: Oh, oh, il est fâché contre moi.

— C'est comme le gars qui arrête de fumer. Un mois passe, il boit un verre, il se dit: Why not? Rendu à sa deuxième cigarette, il se rappelle pourquoi il a arrêté. Sauf que là, il a recommencé à fumer. Ce qui fait qu'il faut qu'il se tape un autre dix mille cigarettes avant de se retrouver exactement au même point, quand il a allumé la cigarette.

Jesse a mis sa main sur mon épaule, tendrement, un peu maladroitement: «P'pa, je vais pas arrêter de fumer non plus.»

10

QUELQUES JOURS PLUS TARD, je mangeais chez Maggie. Plus tôt dans la soirée, j'avais pris mon vélo pour venir chez elle dans Greektown mais après le repas, après le vin, je n'avais aucune envie de me risquer à une conduite sinueuse pour retraverser le pont. J'ai donc péniblement grimpé à bord du métro en traînant ma bicyclette.

Le trajet n'était pas long, dix ou quinze minutes, mais je l'avais fait si souvent qu'il me semblait intolérable de lenteur et je regrettais de ne pas avoir apporté un livre avec moi. J'ai regardé mon reflet dans la vitre, les passagers qui entraient et sortaient, les tunnels qui défilaient quand, qui j'aperçois? Paula Moors. Elle était assise devant moi, à cinq ou six rangées plus loin dans le wagon. J'ai fixé son profil un moment, le nez effilé, la mâchoire carrée. (J'avais entendu dire qu'elle s'était fait arranger les dents.) Ses cheveux étaient plus longs maintenant, mais elle semblait inchangée, pareille à ce moment où elle m'avait lancé ces mots terribles : «J'incline à penser que je ne suis pas en amour avec toi.» Quelle phrase! Quel choix de mots!

Pendant six mois, peut-être un an, je ne me souviens plus, son absence s'était fait ressentir avec l'acuité d'un mal de dents. Nous nous étions adonnés à tant de choses intimes lors de tant de nuits, elle et moi, tant de choses intimes dites, de choses intimes faites, et aujourd'hui nous étions assis dans le même wagon de métro, à ne pas se parler. Ça m'aurait semblé tragique, plus jeune, mais maintenant ça m'apparaissait comme étant, je ne sais pas, platement réel. Pas fantastique, ni triste, ni obscène, ni hilarant, mais normal ; le mystère de ces gens qui entrent et qui sortent de notre vie n'est pas si mystérieux après tout. (Il faut bien qu'ils aillent quelque part.)

Et comment, me demandais-je (tandis qu'une femme des Indes orientales sortait à Broadway), comment pouvais-je faire comprendre ceci à Jesse, comment pouvais-je lui épargner les prochains mois, peut-être la prochaine année, et l'emmener directement à ce délicieux point final où l'on se réveille un matin et où, plutôt que de ressentir encore sa perte à elle (ce mal de dents), on se surprend à bâiller, à se mettre les mains derrière la tête et à se dire : «Il faut absolument que je fasse un double de ma clé. C'est un jeu dangereux que je joue là, me balader avec une seule clé.» Des pensées libératrices, superbement banales (Est-ce que j'ai verrouillé la fenêtre en bas ?), la brûlure qui se refroidit, le souvenir de la douleur si lointain qu'on peut à peine comprendre pourquoi elle a duré si longtemps, ou ce que c'était que cette histoire, ou qui a fait quoi avec son corps (Oh, regarde, les voisins sont en train de planter un bouleau).

Comme si la chaîne d'une ancre avait cédé (sans qu'on puisse se souvenir où on était et ce qu'on faisait), on remarque que nos pensées nous appartiennent à nouveau ; le lit n'est plus vide mais simplement nôtre, dans lequel on peut lire le journal ou dormir ou… mon Dieu, qu'est-ce que j'étais censé faire aujourd'hui ? Ah oui, le double de la clé…

Comment amener Jesse à ce point ?

Puis en regardant dans le wagon (une jeune femme embarquait en mangeant un sac de chips), j'ai remarqué que Paula n'était plus là. Elle était descendue à un arrêt, plus tôt. Je me rendais compte, modérément surpris, que j'avais oublié qu'elle était là, elle et moi filant dans les tunnels sombres, elle et moi si engagés *ailleurs* que nous – et j'étais certain que cela s'appliquait à elle aussi – que nous nous étions habitués à la présence de l'autre et y étions devenus indifférents, le tout en moins de cinq minutes. Comme c'était… quoi ? Comme c'était bizarre. J'imagine que c'est le bon mot. Mais même cette pensée a été immédiatement remplacée. Tandis que je marchais à côté de ma bicyclette sur le quai, le train s'éloignant de moi, j'ai remarqué les broches sur les dents de la fille au sac de chips. Elle mangeait la bouche ouverte.

Jesse s'est levé avant midi un jour, et j'ai fêté l'événement en lui montrant *Dr. No.* (1962). C'était le premier James Bond. J'ai essayé de lui expliquer l'excitation que provoquait la sortie de ces films, à l'époque. Ils avaient une telle odeur de mondanité, de légèreté. Les films ont un certain effet sur nous quand on est très jeune, lui expliquais-je ; ils nous font vivre une expérience imaginative difficile à revivre quand on est plus vieux. On « embarque » d'une façon qui devient impossible plus tard.

Quand je vais au cinéma aujourd'hui, je suis conscient d'un tas de choses : l'homme qui parle à sa femme dans la rangée plus loin, quelqu'un qui finit un popcorn et jette le sac dans l'allée ; je remarque le montage et les mauvais dialogues et les acteurs médiocres. Parfois je regarde une scène avec un tas de figurants et je me demande : Est-ce que ce sont de vrais acteurs ? Sont-ils contents d'être des figurants, ou sont-ils malheureux de ne pas être sous les projecteurs ? Il y a une jeune femme, par exemple, dans le centre de communications au début de *Dr. No*. Elle dit une ou deux phrases puis on ne la revoit plus du reste du film. Je disais à Jesse que je me demandais ce qui était arrivé à tous ces gens dans les scènes de foules, les scènes de partys : Quelle vie ont-ils connue ? Ont-ils laissé tomber le cinéma ? Ont-ils entrepris d'autres carrières ?

Toutes ces choses créent de l'interférence dans l'expérience du visionnement d'un film ; jadis, on aurait pu tirer au pistolet à côté de ma tête et ça n'aurait pas pu briser ma concentration, mon engagement dans le film qui se déroulait sur l'écran devant moi. Je retourne aux vieux films non seulement pour les regarder, mais dans l'espoir de ressentir la même chose que j'avais ressentie la première fois. (Pas seulement par rapport aux films, mais par rapport à tout.)

———

Jesse avait l'air fragile quand il est sorti sur la véranda. Novembre était là à nouveau, quelques jours avant ses dix-huit ans. Comment était-ce possible ? On aurait dit que son anniversaire avait lieu tous les quatre mois maintenant, comme si le temps me poussait vraiment vers la tombe.

Je lui ai demandé comment avait été sa soirée ; bien, ça va, rien de spécial. Arrêté chez un ami. Mm-hmm. Quel ami ?

Pause. « Dean. »

— Je le connais, celui-là ?

— C'est juste un type.

Un type ? (Quand on entend quelque chose qui sonne aussi faux, on a envie d'appeler la police.) Il savait que j'étais en train de le regarder.

— Alors qu'est-ce que vous avez fait ?

« Pas grand-chose ; regardé un peu la télé ; c'était pas mal plate. » Ses réponses me donnaient l'impression de quelqu'un qui essaie d'échapper au radar, qui ne veut pas que la conversation accroche, comme une veste sur un clou. Une femme au visage prématurément vieilli est passée sur le trottoir.

— Elle devrait se teindre les cheveux, a dit Jesse.

— T'as l'air un peu fragile aujourd'hui. Qu'est-ce que vous avez bu ?

— Juste de la bière.

— Pas de fort ?

— Un peu, oui.

— Quelle sorte ?

— Tequila.

— La tequila donne une méchante gueule de bois.

— En effet.

Un autre silence. C'était une journée étrangement immobile. Le ciel comme une page blanche.

— Est-ce qu'il y avait de la drogue d'impliquée dans cette soirée tequila ?

«Non», a-t-il répondu, désinvolte. Puis : «Oui, il y en avait.»

— Quelle sorte de drogue, Jesse ?

— Je veux pas te mentir, O.K. ?

— O.K.

Pause. L'élan. Puis le saut. «Cocaïne.»

La femme au vieux visage est repassée avec un petit sac d'épicerie.

«Je me sens vraiment pas bien», a-t-il dit. Un instant, j'ai cru qu'il allait fondre en larmes.

— La cocaïne a un effet vraiment sordide, ai-je dit doucement, en posant ma main sur sa frêle épaule.

Il s'est redressé brusquement, comme si son nom venait d'être appelé dans une salle d'attente. «C'est ça, c'est exactement ça. Je me sens sordide.»

— Ça s'est passé où, chez Dean ?

«Il s'appelle pas Dean.» Pause. «Il s'appelle Choo-choo.»

Choo-choo ? «Qu'est-ce qu'il fait dans la vie, ce Choo-choo ?»

— C'est un rappeur blanc.

— Ah ouais ?

— Ouais, absolument.

— C'est un musicien professionnel ?

— Pas vraiment.

— Donc c'est un dealeur ?

Encore une pause. Encore un ralliement des troupes qui avaient décampé depuis un bon moment. «Je suis allé chez lui hier soir. Il arrêtait pas d'en sortir.»

— Et toi t'arrêtais pas d'en faire ?

Il hochait la tête, son regard absent dirigé vers le bout de la rue.

— Avais-tu déjà été chez Choo-choo ?

— J'ai pas vraiment envie de parler de ça maintenant.

— J'en ai rien à foutre que t'aies pas envie d'en parler maintenant. Avais-tu déjà été chez Coo-choo?

— Non. Je te jure.

— Déjà fait de la coke?

— Pas comme ça.

— Pas comme *ça*?

— Non.

Au bout d'un moment j'ai dit: «On a pas déjà eu une conversation à propos de tout ça?»

— À propos de la coke?

— Tu sais ce que je veux dire.

— Oui, on en a parlé.

— Que si je te surprenais à toucher à la drogue, y avait plus de deal. Logement, argent de poche, tout ça, fini. Tu te souviens de ça?

— Ouaip.

— Tu pensais que j'étais pas sérieux?

— Non, mais juste une chose, p'pa. Tu m'as pas surpris. Je te l'ai dit.

Je n'avais pas de réponse immédiate à ça. Au bout d'un moment j'ai dit: «As-tu appelé quelqu'un?»

Il a eu l'air surpris. «Comment tu sais?»

— C'est ce que les gens font quand ils sont sur la coke. Puis ils le regrettent toujours. Qui t'as appelé? Rebecca?

— Non.

— Jesse.

«J'ai essayé. Elle était pas là.» Il s'est effondré sur sa chaise. «Ça va durer combien de temps?»

— T'en as fait combien?

— Toute la soirée. Il arrêtait pas d'en sortir.

Je suis entré dans la maison pour prendre un somnifère dans mon tiroir à sous-vêtements et je le lui ai apporté avec un verre d'eau. J'ai dit : « C'est la dernière fois, O.K. ? Tu refais ça une autre fois puis tu vas l'endurer jusqu'au bout. » Je lui ai donné le cachet, lui ai dit d'avaler.

— C'est quoi ?

« Peu importe. » J'ai attendu qu'il avale et que j'aie son attention. J'ai dit : « On va pas parler de ça maintenant, O.K. ? Tu comprends ce que je te dis ? »

— Ouaip.

Je suis resté avec lui jusqu'à ce que le somnifère fasse effet. Ça lui déliait la langue.

— Tu te souviens du speech dans le documentaire *Under the Volcano* ? m'a-t-il demandé. Quand le consul parle de sa gueule de bois, qu'il entend des gens passer devant sa fenêtre en répétant son nom avec mépris ?

J'ai dit que oui, je m'en souvenais.

— Ça m'est arrivé ce matin. Quand je me suis réveillé. Penses-tu que je vais finir comme ce gars-là ?

— Non.

Puis il est monté se coucher. Je l'ai mis au lit. J'ai dit : « Tu vas te sentir un peu déprimé en te réveillant. »

— Es-tu fâché contre moi ?

— Ouaip.

Je suis resté à la maison cet après-midi-là. Il est redescendu un peu après le coucher du soleil. Il était affamé. Nous avons fait venir du Chicken Chalet. Quand il a eu fini, essuyé le gras de ses doigts, de ses lèvres, il s'est écrasé sur le divan. « J'ai dit des trucs pas mal stupides hier soir. » Puis il a continué, comme s'il voulait se torturer. « Je me prenais pour un genre de vedette, pendant un bout. » Il a gémi. « T'as déjà fait quelque chose du genre ? »

Je n'ai pas répondu. Je voyais bien qu'il voulait m'embobiner dans une sorte de complicité. Mais je ne jouais pas le jeu.

— Le soleil commençait à se lever quand je suis parti de chez Choo-choo. Y avait des boîtes de pizza partout dans la place, un appartement vraiment merdique, excuse-moi de dire ça, un vrai dépotoir. Je me suis vu dans le miroir. Tu sais ce que j'avais sur la tête? Un genre de bandana sur le front.

Il a réfléchi un moment. «Dis-le pas à ma mère, O.K.?»

— Je vais pas avoir des secrets pour ta mère, Jesse. Ce que tu me dis, je vais lui en parler.

Il a pris la chose calmement. A hoché la tête légèrement. Pas de surprise, pas de résistance. Je ne sais pas à quoi il pensait; se souvenait-il d'une chose qui avait été dite la veille, d'une attitude grotesque, d'une vanité laide qu'il est toujours plus prudent de garder pour soi? Mais je voulais adoucir son âme, bannir l'image des boîtes à pizza et de l'appart pourri et de toutes les choses affreuses qu'il avait dû se dire en rentrant en métro au lever du jour, avec tous ces gens autour de lui, frais et dispos, prêts à entreprendre une nouvelle journée. J'avais envie de le retourner comme un gant et de le nettoyer au boyau d'arrosage.

Mais est-ce qu'il fait vraiment soleil en lui? me suis-je demandé. Ce garçon à la démarche sautillante. Est-ce que je peux vraiment savoir à quoi ressemblent les pièces dans ce château-là? Je m'imagine que oui mais parfois, quand je l'entends parler au téléphone en bas, je perçois une étrangeté dans sa voix, une dureté, voire une certaine rudesse, et je me dis: C'est lui, ça? Ou bien c'est une façade? Ou alors c'est le visage qu'il tourne vers moi qui est une façade? C'était qui, ce gamin sur la coke dans un appartement miteux qui faisait son numéro de rock star? Est-ce que je le vois, des fois, ce gars-là?

J'ai dit : «Je veux te montrer quelque chose», et je me suis dirigé vers le lecteur DVD.

D'une voix très fragile, une voix qui ne veut s'attirer la colère de personne, qui s'attend à se faire frapper en plein visage par un parfait étranger, il a dit : «Je pense pas que je peux regarder un film, là, p'pa».

«Je sais que tu peux pas. Je vais juste te montrer *une* scène. D'un film italien. Le préféré de ma mère. Elle écoutait la bande sonore sans arrêt, à notre chalet. Je remontais, depuis le quai, et j'entendais cette musique qui venait de la maison et je savais que ma mère serait sur la véranda, à boire un gin tonic et à écouter ce disque. Je pense toujours à elle quand j'entends cette musique. Ça me rend toujours heureux, je sais pas pourquoi. Ça a dû être un bel été.

«En tout cas, je vais te montrer la toute dernière scène de ce film-là. Je pense que tu vas comprendre assez vite pourquoi. Le gars – joué par Marcello Mastroianni – a passé sa vie à boire, à aller aux putes, en fait à brûler la chandelle par les deux bouts soir après soir, et à la fin il aboutit sur une plage au lever du soleil avec une bande de fêtards. C'est la scène qui m'est venue en tête quand tu m'as parlé de cette histoire de boîtes à pizza qui traînaient chez Choo-choo.

«Donc il est sur la plage, gueule de bois, toujours avec ses beaux habits, et il entend une jeune fille l'appeler. Il regarde dans sa direction, la voit, mais il entend pas ce qu'elle lui dit. Elle est si belle, si pure, elle est l'incarnation de la mer et de l'aube lumineuse, peut-être même l'incarnation de son enfance à lui. Je veux que tu regardes cette scène et que tu te souviennes de ceci. Ce gars, ce fêtard, l'apogée de sa vie derrière lui, est maintenant sur la pente descendante ; il le sait, la fille sur la plage le sait. Mais *toi*, ta vie, elle fait que commencer, elle est devant toi. C'est à toi de décider si tu veux la gaspiller. »

J'ai mis *La Dolce Vita* (1960) de Federico Fellini et je suis allé directement à la dernière scène, Mastroianni dans le sable jusqu'aux chevilles, la fille cinquante pieds plus loin qui l'appelle de l'autre côté d'une petite étendue d'eau. Il hausse les épaules, fait un geste de ses mains : je ne comprends pas, fait-il. Il commence à s'éloigner ; ses amis l'attendent. Il salue la fille de la main, un drôle de petit geste, les doigts comme repliés. On dirait que sa main est engourdie. Que *lui* est engourdi. La fille le regarde s'éloigner ; elle sourit toujours, d'abord avec gentillesse, puis avec compréhension et enfin avec fermeté. Elle semble dire : O.K., si c'est ça que tu veux. Mais là, très lentement, elle se retourne et plante son regard directement dans la caméra. Et toi, dit le regard au spectateur, que fais-tu de ta vie ?

— Il y a une chose que je veux te dire à propos de la cocaïne : ça finit toujours de cette façon-là.

Nous avons regardé *It's a Wonderful Life* (1946) le lendemain matin. Je savais qu'il allait détester ça, au début, le jeu trop énergique, sa fausseté, le charme affecté de James Stewart. Jesse n'embarquerait pas dans tout ça. Surtout dans son état, où le monde ressemblait à un – comment on appelait ça, nous, à son âge – ah oui, où le monde ressemblait à une sorte de «bazar cosmique».

Mais ensuite le film s'assombrit, et James Stewart s'assombrit aussi (il est si dérangeant, comme quelqu'un qui lance son verre au visage d'un invité à une fête chez tes parents), je savais que Jesse serait accroché malgré lui. Il aurait besoin de connaître la fin, il en aurait *vraiment* besoin parce que l'histoire sur l'écran serait devenue son histoire à lui. Et qui, même un adolescent déprimé avec une gueule de bois de cocaïne et de tequila, peut résister aux derniers moments de ce film?

Il s'est trouvé un boulot de plongeur dans un restaurant sur St-Clair, à l'orée du quartier où j'ai grandi. C'est le commis de cuisine, un grand garçon avec les joues roses, qui le lui a trouvé. Jack quelque chose. Un «rappeur». (Tout le monde «rappait», semblait-il.) Je ne connais toujours pas son nom de famille mais parfois, après la soirée au resto, ils débarquaient à la maison dans le Chinatown; on pouvait les entendre faire des riffs et des rimes et être bad dans le sous sol. Des paroles incroyablement violentes et vulgaires (en plus d'être empruntées). Il faut commencer quelque part, j'imagine. Ça ne servirait à rien de leur faire écouter *I Want to Hold Your Hand*.

Je ne pensais pas qu'il allait durer plus de quatre jours comme plongeur. Pas qu'il soit un lâcheur ou une poule mouillée mais, ce boulot – l'échelon le plus bas dans l'impitoyable hiérarchie de la restauration, huit heures de vaisselle sale et de chaudrons encroûtés –, je ne pouvais simplement pas l'imaginer sortir du lit, s'habiller et prendre le métro pour faire ça jusqu'à minuit.

Encore une fois, comme bien souvent avec nos enfants, j'avais tort. On pense qu'on les connaît mieux que quiconque, toutes ces années à monter et descendre les marches, à les mettre au lit, tristes, contents, sereins, anxieux – mais on ne les connaît pas. Ils finissent toujours par avoir dans la poche une chose qu'on n'avait jamais imaginée.

Six semaines plus tard, j'avais peine à le croire : il s'est levé un après-midi, est apparu dans la cuisine avec sa fameuse démarche joyeuse et il a dit : «J'ai eu une promotion.» Il se trouvait que Jack venait de démissionner pour cuisiner dans un autre restaurant et Jesse était le nouveau commis de cuisine. Quelque chose en moi s'est détendu, au sujet de Jesse. Difficile de dire ce que c'était. Le seul fait de savoir, j'imagine, que quand c'était nécessaire il pouvait s'atteler à la plus merdique de toutes les jobs et tirer son épingle du jeu. (Contrairement à son père.)

L'hiver est arrivé, la noirceur hâtive encrassait les fenêtres. Au milieu de la nuit, j'ai vu une fine poudre de neige sur les toits ; les maisons avaient un petit air de conte de fées, comme des pâtisseries dans une vitrine. Si un piéton s'était approché d'une fenêtre de mon sous-sol après minuit, il aurait pu entendre les voix en colère de deux grands garçons, cuisiniers le jour, rappeurs la nuit, qui chantaient les malheurs d'une enfance passée dans le ghetto : se shooter à l'héro, faire des hold-up, vendre des armes ; papa qui deale, maman qui fait la pute pour du crack. Le portrait fidèle de son enfance ! (Le père de Jack était un chrétien *born again* qui fréquentait l'église assidûment.)

De là où je me tenais en haut de l'escalier du sous-sol (un peu indiscret), je ne pouvais m'empêcher de trouver qu'ils commençaient à être, je sais pas, cool. Ils avaient une bonne chimie, ces deux garçons dégingandés avec des vêtements trop grands. Mon Dieu, je me suis dit, il a peut-être du talent.

Par une nuit froide et claire, une ambiance d'excitation émanait du sous-sol. Musique forte, voix stridentes. Corrupted Nostalgia (c'était maintenant leur nom) a fait irruption avec des casquettes de baseball, des bandanas, des pantalons larges, des lunettes de soleil et des chandails à capuchon trop grands. Deux gars vraiment bad en route vers leur premier show.

Est-ce que je pouvais venir ?

Pas question. Absolument hors de question.

Ils sont partis quelque part, Jesse la tête rejetée en arrière comme un Black qui a affaire à la police de Los Angeles.

Et bien vite, semblait-il, ils ont joué et rejoué, dans des bars crasseux avec des plafonds bas et des règlements très souples à propos de la cigarette.

— Qu'est-ce que tu penses de nos paroles ? m'a demandé Jesse un jour. Je sais que tu nous écoutes.

Ça faisait des semaines que je pressentais cette question. J'ai fermé les yeux (façon de parler) et j'ai sauté à l'eau. « Je pense qu'elles sont excellentes. » (Fais rien d'autre qu'arroser la plante et garde T. S. Eliot pour toi.)

«Vraiment?» Ses yeux bruns fouillaient mon visage à la recherche d'une ligne de faille.

— Est-ce que je peux te faire une suggestion?

Suspicieux, son visage s'est obscurci. Fais attention où tu mets les pieds. C'est le genre de trucs dont on se souvient – et sur lesquels on écrit – cinquante ans plus tard. J'ai dit : «Peut-être que tu devrais essayer d'écrire sur une chose plus près de ta vie.»

— Comme quoi?

J'ai fait semblant de réfléchir un moment. (Je m'étais préparé pour ce rôle.) «Une chose qui te touche vraiment.»

— Par exemple.

— Comme, euh, disons : Rebecca Ng.

— Quoi?

— Écris sur Rebecca.

«P'pa.» Ceci dit sur le ton qu'on réserve habituellement à un oncle saoul qui veut aller «faire un tour» avec la voiture familiale.

— Tu sais ce qu'a dit Lawrence Durrell, Jesse. Si tu veux oublier une femme, transforme-la d'abord en littérature.

Quelques semaines plus tard, je me suis trouvé au sommet de l'escalier du sous-sol et je l'ai entendu parler avec Jack de l'endroit où ils allaient jouer ce soir-là. Un spectacle après minuit (avec une demi-douzaine d'autres numéros) dans un endroit où j'allais trente ans plus tôt pour rencontrer des filles.

J'ai attendu jusqu'à onze heures et demie, puis je suis sorti dehors, dans l'air glacé. J'ai coupé à travers le parc (j'avais l'impression d'être un voleur), à travers Chinatown (le soir des poubelles, des chats partout), puis j'ai remonté la rue jusqu'à ce que je voie la porte du bar. Il y avait une douzaine de jeunes hommes debout à l'extérieur en train de fumer à pleins poumons, rejetant des bouffées de fumée dans l'air du soir, riant bruyamment. Et crachant. Ils étaient tous en train de cracher.

Il était là, une tête de plus que la plupart de ses amis. Je me suis glissé sur le banc d'un café en face d'où je pouvais garder un œil sur eux sans me faire voir. C'était un samedi soir dans le Chinatown : des dragons vert électrique, des chats qui explosent, des restos 24 heures avec cet horrible éclairage fluorescent. De l'autre côté de la rue, les miséreux de la ville, couverture sur le dos, faisaient des rondes devant la Scott Mission.

Cinq minutes ont passé, puis quinze ; un des garçons s'est penché – il semblait parler à quelqu'un sur les marches, à l'intérieur. Puis Jack a émergé. Avec son visage tout rose. Il avait l'air d'un enfant de chœur. Toutes les têtes se sont tournées vers lui. Haleine glacée. Frissons. Puis soudainement toute la bande s'est précipitée à l'intérieur, le dernier garçon lançant son mégot dans la rue en un arc long et gracieux.

J'ai attendu que la voie soit libre puis j'ai traversé la rue bruyante d'un bond. J'ai monté l'escalier prudemment ; à chaque marche, l'air devenait plus chaud, plus odorant (un mélange de chiots et de bière éventée). J'entendais de la musique enregistrée sortir de l'arrière. Ils n'avaient pas encore commencé. Attends à l'extérieur jusqu'à ce qu'ils commencent puis glisse-toi à l'intérieur. Je suis arrivé en haut de l'escalier et j'ai tourné le coin ; un jeune homme au téléphone public a levé la tête et m'a eu, en plein entre les deux yeux. C'était Jesse.

«Je te rappelle», a-t-il dit dans le récepteur, puis il a raccroché. «P'pa», il a dit, comme s'il me hélait. Il s'est dirigé vers moi en souriant, son corps bloquant le chemin pour se rendre dans le hall. J'ai jeté un coup d'œil au-dessus de son épaule.

— C'est ici?

— Tu peux pas rester ce soir, p'pa. Une autre fois, oui, mais pas ce soir.

Il m'a fait faire demi-tour, très doucement, et on a commencé à descendre l'escalier.

«Je pense que les Rolling Stones ont joué ici», ai-je fait en jetant un regard plein d'espoir par-dessus mon épaule, son bras puissant (comme il est fort!) me faisant descendre, toujours plus bas, jusqu'à ce qu'on soit sur le trottoir.

— Je pourrais pas rester, juste une chanson?

«Je t'aime, p'pa, mais c'est pas ce soir que ça se passe.» (N'avais-je pas entendu cette réplique dans *On the Waterfront*, Brando qui parle à son frère à l'arrière d'un taxi?) «Une autre fois, promis.»

Quand je me suis glissé dans mon lit vingt minutes plus tard, j'ai entendu ma femme se retourner dans l'obscurité. «Tu t'es fait pincer, hein?»

11

C'est une remarque fortuite que Jesse a faite un soir; nous marchions vers la maison en revenant de souper et nous nous sommes attardés devant une maison déglinguée d'un seul étage où nous avions vécu quand il était petit, avec sa tête pleine de cheveux et sa petite amie, une petite bonne femme allumette qui vivait plus bas sur la même rue.

— T'arrêtes-tu ici parfois?

— Non. J'aime pas vraiment ça, depuis que d'autres personnes vivent là. C'est comme s'ils l'avaient envahie.

La maison n'avait pas changé du tout – pas un seul angle droit, la clôture de bois à moitié détruite. «J'avais pas conscience que c'était si minuscule. Ça semblait immense quand j'étais petit.»

Nous sommes restés un moment encore, à parler de sa mère et de cette fois où il s'était fait arrêter pour avoir tagué le mur de l'école et puis, rassérénés par tout ça, nous nous sommes dirigés vers le sud, vers la maison.

Ce soir-là, encore sous le charme de notre conversation, j'ai fait un saut au club vidéo et j'ai loué *American Graffiti* (1973). Je ne lui ai pas dit ce que c'était – je savais qu'il protesterait, ou voudrait voir le DVD puis trouverait quelque chose qui ne lui plairait pas dans l'emballage, ou dirait que le film a l'air «trop vieillot». Ça faisait vingt ans que je l'avais vu et je craignais que son charme et sa légèreté aient mal vieilli. Je me trompais. C'est un film envoûtant, profond d'une manière qui m'avait échappé à l'époque. (Les bons films sont plus intellectuels que je voulais bien le croire jadis, du moins dans le processus par lequel ils sont créés.)

American Graffiti n'est pas l'histoire d'une bande de gamins qui s'amusent par un beau samedi soir. Quand un très jeune Richard Dreyfuss s'arrête à la station de radio locale, il y a un moment superbe où il surprend Wolfman Jack en train de faire son numéro avec sa voix caverneuse. Dreyfuss comprend soudain ce qu'*est* vraiment le centre de l'univers : ce n'est pas un endroit, c'est l'incarnation du désir de ne jamais rien manquer – en d'autres mots, pas un endroit où l'on peut *aller* mais plutôt un lieu où l'on voudrait *être*. Et j'adorais le monologue du pilote de course amateur, qui dit que ça lui prenait jadis tout un réservoir d'essence pour «faire» la rue principale alors qu'aujourd'hui ça lui prend cinq minutes. Sans le savoir, il est en train de parler de la fin de l'enfance. Le monde s'est rétréci pendant qu'on regardait dans l'autre direction. (Comme la maison déglinguée pour Jesse.)

Je ne voulais pas alourdir mon introduction en parlant de Proust et d'*American Graffiti*, mais comment la voir, cette belle fille dans la Thunderbird qui ne fait qu'apparaître et disparaître du champ de vision de Dreyfuss, autrement que comme un exemple de l'idée proustienne que la possession et le désir s'excluent mutuellement, que pour que la fille soit *la* fille, il faut qu'elle soit toujours en train de s'éloigner?

— Penses-tu que c'est vrai, ça, p'pa, que tu peux pas à la fois avoir une femme et la désirer en même temps?

— Non, je pense pas ça. Mais je le croyais quand j'avais ton âge. Je pouvais jamais prendre au sérieux une personne qui m'aimait.

— Qu'est-ce qui a changé?

— Ma capacité à ressentir de la gratitude, pour commencer.

Il a contemplé sombrement l'écran de télévision éteint. «Rebecca Ng est comme la fille dans la Thunderbird, c'est ça?»

— Oui, mais oublie pas que ça va dans les deux sens. C'est comme ton ex, Claire Brinkman, celle avec les patins. Comment penses-tu qu'elle te voyait, après que tu l'as laissée?

— Comme un gars dans une Thunderbird?

— Probablement.

— Mais p'pa, est-ce que ça veut pas dire que, si je l'avais pas laissée, elle m'aurait pas aimé tant que ça?

— Ça veut dire que ta non-disponibilité a peut-être fait qu'elle t'a aimé pas mal plus qu'elle l'aurait fait normalement.

Autre pause réfléchie. «Je pense que Rebecca Ng s'en contrefout que je sois disponible ou non.»

— Espérons-le, ai-je dit avant de détourner notre attention sur autre chose.

J'ai demandé un jour à David Cronenberg s'il avait des «plaisirs coupables» au cinéma, des trucs qu'il savait être de la merde mais qu'il aimait quand même. J'ai donné le ton en confessant avoir un faible pour *Pretty Woman* (1990) avec Julia Roberts. Il n'y a pas une seconde qui soit crédible dans ce film, mais son art narratif est désarmant d'efficacité, chaque scène agréable s'enchaînant à la suivante, et c'est très difficile de se défaire de son emprise idiote.

« La télévision évangéliste » fut la réponse de Cronenberg, sans hésitation. Il y avait quelque chose d'envoûtant, pour lui, dans le spectacle d'un preacher bouffi du Sud en train de cuisiner une foule.

Comme je craignais que le ciné-club ne devienne trop empesé (nous venions de nous enfiler cinq films de la Nouvelle Vague), j'ai conçu une liste de plaisirs coupables pour la première semaine de février. Je voulais aussi éloigner Jesse de la vulgarité qu'il y a à ne pas pouvoir prendre plaisir à regarder un film cucul. Il faut apprendre à s'abandonner à ce genre de choses.

Nous avons commencé avec *Rocky III* (1982). J'ai fait remarquer la grossière mais irrésistible excitation d'un Mr. T en sueur qui fait toutes sortes d'exercices dans son affreux petit cagibi. Pas de moquette beige ni de cappuccinos de moumoune pour lui ! Ç'a été suivi du film noir avec Gene Hackman, *Night Moves* (1975), qui met en vedette une Melanie Griffith de dix-huit ans dans le rôle d'une nymphette lubrique. En la regardant de loin, son petit copain « plus vieux » dit à Hackman : « Il devrait y avoir des lois. » À quoi l'impassible Hackman répond : « Y en a. »

Puis ç'a été *Nikita* (1990). Un film ridicule à propos d'une jolie junkie devenue agent secret du gouvernement. Pourtant, il y a un je-ne-sais-quoi dans ce film, un attrait à la Epsilon-Moins, qui réside peut-être dans la beauté de son visuel. Luc Besson était un jeune loup parmi les réalisateurs français, et il semblait savoir d'instinct où placer la caméra ; il voulait donner une expérience visuelle explosive et il le faisait avec une telle verve qu'on lui pardonnait la stupidité et l'invraisemblance du scénario.

Vois comme le film s'amorce : trois gars s'avancent dans la rue en traînant un de leurs potes. On dirait une version vidéo-clip sur acide lysergique de *High Noon* avec Gary Cooper. Et tu parles d'un film de pow-pow : regarde la scène de fusillade dans la pharmacie – on peut pratiquement sentir le vent des balles sur la peau.

Mais *Nikita* n'était qu'un échauffement. Nous étions fin prêts, maintenant, pour «lui», le roi des plaisirs coupables, une vraie merde qui nous rend honteux quand des gens voient qu'on l'a dans notre collection. Libidineux, maladroit et affreusement malsain, *Showgirls* (1995) est un film qui ne fait pas de prisonniers. Il laisse le public complètement bouche bée : que pourrait-il bien arriver encore dans la vie d'une jeune fille qui quitte son foyer (et quel foyer !) pour réussir comme danseuse à Las Vegas ? Il y a beaucoup de nudité pour ceux que ça intéresse, mais à la fin du film, ça n'intéresse plus personne. Ça ne peut plus intéresser personne.

— *Showgirls*, ai-je dit à Jesse, est une sorte de curiosité cinématographique, un plaisir coupable sans la moindre bonne performance.

Quand *Showgirls* est sorti en salle, il a été accueilli par des hurlements d'incrédulité et de dérision tant de la part des critiques que du public. Il a détruit la carrière de sa star, Elizabeth Berkley, avant même qu'elle en ait une ; l'acteur vétéran Kyle MacLachlan

(*Blue Velvet*, 1986) se ridiculise en jouant un « directeur du divertissement » lorgneur et tortilleur de moustache. Du jour au lendemain, *Showgirls* s'est hissé au top des listes des pires films de l'année 1994. Les visionnements sont devenus interactifs quand des inconnus se sont mis à gueuler des remarques désobligeantes dans les salles de cinéma.

Mais le compliment ultime est venu de la communauté gaie de New York, où des drag queens en ont joué des extraits sur scène pendant que le chef-d'œuvre passait sur de grands écrans en arrière-fond. On n'avait pas autant ri depuis *Mommie Dearest* (1981).

J'ai demandé à Jesse de compter le nombre de fois où mademoiselle Berkley sort d'une pièce en courant, indignée. J'ai attiré son attention sur une scène où elle sort un couteau à cran d'arrêt devant un chauffeur de taxi. Un exemple de jeu d'acteur très spécial.

« De la mauvaiseté instructive », a dit Jesse. Son vocabulaire s'améliorait.

— *Showgirls* nous transforme tous en proctologues. Certaines personnes auront beau dire que *Plan 9 from Outer Space* est le pire film jamais fait, c'est une idée reçue. Moi je vote pour *Showgirls*.

Quand mademoiselle Berkley en était à lécher une barre de métal dans un club de danseuses, j'ai pris conscience que mon introduction à *Showgirls* avait été plus longue que pour *Les quatre cents coups* et pour toute la Nouvelle Vague française.

Nous sommes restés sur la lancée des plaisirs coupables avec *Under Siege* (1992), un délicieux morceau d'absurdité qui mettait en vedette deux méchants, Gary Busey et Tommy Lee Jones, de magnifiques acteurs qui se cassent les dents sur le dialogue. Deux vrais pompiers. On est convaincus qu'ils s'écroulaient de rire entre les prises. J'ai demandé à Jesse d'être à l'affût de la scène où Busey, accusé d'avoir noyé les membres de son équipage, répond : « Ils m'ont jamais aimé de toute façon. »

Pour conclure, nous avons loué quelques-uns des premiers épisodes de l'émission de télévision *The Waltons* (1972-1981). Je voulais que Jesse entende ces monologues qui concluent chaque émission, quand le narrateur fait son épilogue sur un ton qui rappelle des mémoires, d'une perspective d'adulte. Pourquoi sont-ils si efficaces ? ai-je demandé à Jesse.

— Hein ?

— Comment réussissent-ils à nous rendre nostalgiques d'une vie qu'on n'a jamais eue ?

— Je sais pas de quoi tu parles, p'pa.

———————

Ça me rendait nerveux que Jesse et ses trois amis se rendent à Montréal en voiture pour un show de rap. Je lui ai donné cent dollars, je lui ai dit que je l'aimais puis je l'ai regardé passer la porte, excité. Je l'ai rappelé pendant qu'il traversait la pelouse, les trois garçons assis sagement dans la voiture du père de quelqu'un.

Je ne sais pas ce que je lui ai dit mais ça l'a fait retraverser le gazon givré. Tout ce que je voulais c'était un sursis, quinze, vingt secondes, afin que, s'il avait eu un rendez-vous avec la mort, il le manque – de quelques mètres, de quelques secondes –, mais qu'il le manque grâce à ces quelques instants.

Il est rentré le lundi soir suivant avec une drôle d'histoire. Il avait un air terrible, sa peau comme sur le point d'entrer en éruption. Il a dit : «Un des gars qui est venu avec nous était un ami de Jack. Un gros Black. Je l'avais jamais rencontré. J'étais assis à côté de lui dans l'auto puis au bout d'une centaine de kilomètres, son téléphone cellulaire a sonné. Tu sais qui c'était? Rebecca. C'était Rebecca Ng. Elle vit à Montréal maintenant, elle va à l'université là-bas.»

— Misère.

— Le Black se met à lui parler, juste à côté de moi. J'essayais de lire ou de regarder par la fenêtre – je savais pas quoi faire. Je pouvais même pas réfléchir. Je pensais que j'allais faire une crise cardiaque ou que ma tête allait exploser, comme le gars dans le film...

— *Scanners*.

— Puis là il dit dans le téléphone : «Jesse Gilmour est ici, veux-tu lui parler?», puis il me passe le téléphone. Elle est au bout du fil. Ça fait un an que je l'ai pas vue mais là je l'ai au bout du fil. Rebecca. Ma Rebecca.

— Qu'est-ce qu'elle dit?

«Elle fait des blagues, elle flirte, tu sais, elle fait sa Rebecca. Elle dit : "Wow, toute une surprise. Je m'attendais, comme, vraiment pas à ça." Elle me demande où je vais rester à Montréal. J'ai dit à l'hôtel, puis elle m'a demandé "Qu'est-ce que vous faites ce soir? J'espère que vous allez pas passer la soirée à l'hôtel."

«Alors je dis : "Je sais pas, ça dépend des gars." Puis là elle dit "Bien, moi je vais être à un bar – pourquoi vous venez pas?"

«Ç'a pris six ou sept heures pour arriver à Montréal. Peut-être plus : il neigeait. On arrive là, on va à l'hôtel;

c'est une place merdique, un genre de sous-Holiday Inn mais c'est en plein centre-ville, dans le ghetto étudiant.»

— Donc vous êtes sortis pour vous acheter une tonne de bière…

— On est sortis pour s'acheter une tonne de bière qu'on a rapportée à l'hôtel; on était tous dans la même chambre, un lit de camp pour le Black qui connaissait Rebecca. Vers dix ou onze heures le soir…

— Alors que vous étiez tous pas mal pafs.

«Alors qu'on était tous pas mal pafs, on se dirige vers le bar. Celui dont Rebecca avait parlé. Quelque part sur la rue Sainte-Catherine. Y avait des étudiants partout. J'aurais dû comprendre ce que ça voulait dire. Mais non. On arrive à la place puis y a un gros gars avec une moustache qui nous carte. Il nous demande nos pièces d'identité. Que j'ai pas. Les autres gars les ont. Puis ils entrent tous. Mais le gars veut pas me laisser passer. Je lui ai même dit que mon ex était à l'intérieur, que ça fait longtemps que je l'ai pas vue. J'ai dit un tas de trucs. Rien marchait. Donc j'étais là, sur le trottoir, avec tous mes amis à l'intérieur, Rebecca à l'intérieur, puis je me dis que c'est la chose la plus cruelle qui me soit jamais arrivée.

«Mais là y a Rebecca qui arrive à la porte. Elle est plus belle que jamais, belle… à rendre malade. Elle parle au portier, tu sais, comme Rebecca sait le faire, elle se tient près de lui, le regarde dans les yeux, bat des cils. Elle en met épais. Puis le gars, le portier, se met à sourire mais un sourire, genre, gêné, puis là, sans nous regarder ni elle ni moi, il soulève le cordon puis il me laisse entrer.»

— Wow. (Qu'est-ce que je pouvais dire d'autre?)

Il a continué. « Je me suis assis au bar avec Rebecca, puis je me suis mis à boire vraiment beaucoup, vraiment vite… »

— Elle, est-ce qu'elle buvait beaucoup ?

— Non, mais elle buvait. C'en prend pas beaucoup pour Rebecca.

— Puis ?

— Puis je suis devenu vraiment saoul. Vraiment, vraiment saoul. Puis on s'est mis à s'engueuler. On se criait après. Le barman m'a interpellé ; puis le videur est arrivé puis nous a dit de sortir. Donc on était sur le trottoir, il neigeait plus mais il faisait froid, un froid de Montréal, à voir notre haleine devant nous, mais on continuait de s'engueuler. Puis je lui ai demandé si elle m'aimait encore. Elle a dit : « Je peux pas avoir cette conversation-là avec toi, Jesse. Je peux pas. Je vis avec quelqu'un. » Elle attrape un taxi puis elle s'en va.

— Est-ce que tu l'as revue ?

« C'est pas fini, t'inquiète pas. » Il s'est arrêté puis il a fixé un point de l'autre côté de la rue, comme s'il venait de se souvenir d'un détail, comme quand on reconnaît quelqu'un qui est juste en face de nous.

« Quoi ? » ai-je dit. J'étais inquiet mais je donnais l'impression d'être fâché.

— Penses-tu que j'ai eu l'air loser quand je lui ai demandé ça ? Si elle m'aimait encore ?

« Non. Mais tu sais… » J'ai réfléchi un instant, choisi mes mots.

— Quoi ? a-t-il répondu rapidement, comme s'il avait un couteau sur la gorge.

— Ce que je te dis depuis à peu près un an. Que les conversation importantes ne devraient pas avoir lieu quand on a bu. (Écoute-moi, merde, je me disais.)

— Mais c'est le seul moment où on veut vraiment les avoir.

— Oui, c'est ça le problème. En tout cas, continue.

Ce qu'il a fait. «On est retournés à l'hôtel, les quatre gars. Quelqu'un avait une bouteille de tequila.»

— Misère.

— Je me suis réveillé dans la chambre d'hôtel le lendemain avec une horrible gueule de bois. Des bouteilles de bière partout, mes vêtements encore sur le dos, plus un sou sur moi. J'arrêtais pas de me repasser la scène dans ma tête, moi lui demandant si elle m'aimait toujours, puis elle qui me dit : «Je peux pas avoir cette conversation» puis qui saute dans un taxi.

— Horrible.

— J'essaie de me rendormir.

— Mm-hmm.

— J'ai dû y penser au moins un million de fois à ce que je lui dirais quand je la verrais, puis c'est ça qui arrive.

Il a regardé la maison en face. «As-tu déjà fait quelque chose comme ça?»

— Qu'est-ce qui est arrivé ensuite?

— On est allés déjeuner. J'étais probablement encore saoul parce que quand on est revenus à l'hôtel, j'ai tout vomi.

— Comment t'as fait pour payer le déjeuner?

— J'ai emprunté de l'argent à Jack. T'inquiète pas, je m'en occupe.

Il a fait une pause et s'est allumé une cigarette. Exhalé la fumée. «Je me souviens pas ce qu'on a fait pendant la journée – je pense qu'on est allés sur le mont Royal, mais il faisait trop froid. J'avais pas apporté le

bon manteau puis j'avais pas de gants. On est restés
là un bout – y avait un genre de rassemblement
étudiant puis on pensait que c'était une bonne place
pour rencontrer des filles –, mais le vent faisait juste
souffler tout autour de la montagne, faisait claquer
mon pantalon.

«On est allés au show de rap le soir, qui était pas mal
bon mais j'arrêtais pas de chercher Rebecca. Je *sentais*
qu'elle était là, dans la salle, je savais qu'elle était là
mais je la voyais pas. Le lendemain, le gros Black a dit
qu'il devait aller chez Rebecca pour chercher quelque
chose, un paquet.»

— Es-tu allé?

«Je voulais la voir. Pourquoi faire semblant? (Je me
suis dit: Il est plus courageux que moi.)

«On est allés chez elle. Où elle vit avec son copain.
On a pris l'ascenseur puis je me disais: Ça c'est
l'ascenseur qu'elle prend tous les jours; puis ça c'est
le couloir qu'elle emprunte tous les jours; puis ça c'est
sa porte.»

— Misère, Jesse.

— Elle était pas là; ni son copain, juste une coloc,
une fille, qui nous a fait entrer. Mais je suis allé jeter
un coup d'œil dans sa chambre. C'était plus fort que
moi. Ça c'est où elle dort, là c'est où elle s'habille
le matin. Puis finalement elle arrive. Rebecca. L'air
d'avoir passé une heure devant le miroir à choisir ses
vêtements.

— C'était probablement le cas.

— Je me suis assis dans le coin, je la regardais
parler aux gars. Faire sa Rebecca. À jaser puis à faire
des blagues puis à parler à tout le monde sauf à moi.

— Puis après?

— Puis après je me suis levé, je suis parti puis on est rentrés.

— Le chemin a dû être long.

Il a acquiescé, absent. Il était de nouveau avec Rebecca sur la rue glaciale, à lui demander si elle l'aimait encore.

12

Enfin le soleil est sorti. C'était tout juste après un film de Kurosawa. Sûrement *Ran*. Jesse s'était laissé prendre plus que d'habitude, avait adoré les scènes de guerre, la décapitation de l'amante traîtresse ; la scène finale, où le fou aveugle erre jusqu'au bord du précipice, lui avait donné le vertige.

Dans les derniers jours, l'attitude de Jesse avait changé. Il avait l'ardeur particulière d'un jeune homme qui a quelque chose devant lui. Quelque chose qui est à portée de main. Je ne savais pas ce qui lui avait donné cet élan si manifeste. Était-ce la température, les belles journées de printemps, les jours lumineux, l'odeur de la terre mouillée, la morosité de l'hiver qui bat en retraite ? Peu importe ce que c'était, ça ne me regardait pas ; mais d'un autre côté je mourais d'envie d'en parler. Une question directe, je le savais, l'épouvanterait, le ferait rentrer sous terre, alors il fallait que je la joue passif, que j'attende le moment où, d'un regard, je pourrais attirer son attention puis faire sortir l'histoire de lui comme avec un crochet.

Nous étions assis sur la véranda, les fumerolles de *Ran* se dissipaient lentement, les oiseaux piaillaient, notre voisine chinoise travaillait dans son jardin, installait des bâtons pour ses vignes et ses fruits mystérieux ; elle avait près de quatre-vingts ans et portait de superbes vestes de soie. Là-haut, le soleil brillait dans cette saison surnaturelle.

« Le problème, au mois de mars, ai-je dit d'une voix morne, c'est qu'on pense que l'hiver est fini. Peu importe le nombre d'années qu'on a passées ici, on fait toujours la même erreur. » Je voyais bien que Jesse écoutait à peine alors j'ai creusé le sillon. « On se dit : Ça y est : on lui a brisé l'échine, à l'hiver. Puis aussitôt, Jesse, aussitôt que ces mots sont prononcés, tu sais ce qui arrive ? »

Il n'a rien répondu.

— Je vais te dire ce qui arrive. Il commence à neiger. À neiger, neiger puis neiger.

— J'ai une nouvelle copine.

— C'est trompeur, le printemps. (Je m'ennuyais moi-même.)

Il a dit : « Tu te souviens de cette histoire que tu m'as racontée à propos d'Arthur Cramner, ton vieil ami ? Le gars qui t'a volé une de tes copines ? »

Je me suis éclairci la voix. « Pas que ce soit important, fiston – ça fait des années de ça –, mais il me l'a pas vraiment volée. Je la lui ai *laissée* avant d'être prêt à le faire, c'est tout. »

« Je sais, je sais », a-t-il dit. (Est-ce qu'il cachait un sourire ?) « Le même genre de chose m'est arrivé. » Il m'a demandé si je me souvenais de son ami Morgan.

— Ton ami du travail.

— Le gars avec une casquette de baseball.

— Ah, lui, O.K.

— Il avait une copine, Chloë Stanton-McCabe ; ils étaient ensemble depuis le secondaire. Il était vraiment détaché, avec elle. Je lui disais : «Tu devrais faire attention avec elle, Morgan, elle est vraiment belle.» Puis il me disait (ici Jesse a pris une voix de brute épaisse) : «Ouan, j'm'en fous.»

J'ai hoché la tête.

— Elle va à l'université à Kingston. En économie.

— Puis elle est avec *Morgan*?

— Y est cool, Morgan, a-t-il répondu rapidement (et étonnamment). Mais bon, y a un an, à peu près, ils ont cassé. Quelques jours plus tard, Jack, le gars dans mon groupe…

— Un autre gars avec une casquette de baseball.

— Non, ça c'est Morgan.

— C'est une blague.

— Jack, c'est celui avec les joues rouges.

— Je sais, je sais, continue.

— Jack m'a appelé un soir puis il m'a dit qu'il avait rencontré une fille dans un bar, Chloë Stanton-McCabe, puis qu'elle avait pas arrêté de parler de moi, comment j'étais mignon, que j'étais drôle. Tout le kit.

— Ah ouais?

— Puis le plus étrange, p'pa, c'est que quand je me suis couché ce soir-là, j'étais allongé dans le noir puis je m'imaginais comment ce serait d'être avec elle, d'être *marié* avec elle. Je la connaissais à peine. Je l'avais vue dans des fêtes ou des bars mais rien de spécial, je lui avais jamais parlé seul à seul.

— Ç'a dû être tout un coup de fil à recevoir, comme ça, tombé du ciel.

— Ouais, définitivement. Mais une semaine plus tard, Morgan et elle sont revenus ensemble. Ce qui était un peu décevant. Mais pas trop. Y avait d'autres filles. Mais oui, c'était décevant. Pas mal, même.

Il a regardé de l'autre côté de la rue ; des draps, des shorts d'enfant étaient accrochés à une corde à linge improvisée au deuxième étage. On sentait le vent tiède qui remontait la rue.

Il a continué. « Puis un jour Morgan m'a dit – c'était après le travail, il était un peu saoul –, il m'a dit : "Ma copine a eu un œil sur toi pendant, genre, une semaine", puis il a ri, comme si toute l'affaire était une blague. J'ai ri moi aussi.

« J'ai vu Chloë quelques fois après ça ; elle était pas mal charmeuse mais elle était encore avec Morgan. Je pouvais être debout au bar puis là je sentais une main sur mon derrière : je me retournais, puis je voyais une blonde qui marchait en s'éloignant. J'ai demandé à Morgan une fois, je lui ai demandé comment il le prendrait si j'invitais Chloë à sortir, puis il a dit : "Pas de problème, j'm'en fous. Moi je fais juste coucher avec elle, c'est tout." Sauf que c'est pas le mot qu'il a utilisé. »

— J'imagine.

— Mais je faisais super attention de jamais flirter avec elle. Je voulais pas que Morgan rie de moi en disant : « Je la veux même pas puis toi t'es pas capable de l'avoir. »

— Excellent.

« Donc. » Il a regardé de l'autre côté de la rue, comme pour prendre son élan, pour établir la base qui ferait honneur à ce nouvel épisode. « La fin de semaine passée, je suis allé dans un bar sur Queen. C'était comme la scène dans *Mean Streets*. Je venais de me doucher puis de me laver les cheveux, j'avais des vêtements neufs, je me sentais vraiment bien. Je suis allé au bar puis y avait cette nouvelle chanson qui jouait, que j'adore, je me sentais comme si je pouvais avoir tout ce que je voulais au monde. Puis Chloë était là; elle était revenue pour la fin de semaine. Elle était assise à une table avec des amies puis elles ont toutes fait : "Ouh! Chloë, regarde qui est là!"

«Donc je suis allé vers elle puis je l'ai embrassée sur la joue, j'ai dit "Salut Chloë", mais je suis pas resté. Je suis allé au bout du bar. J'ai bu un verre tout seul. Au bout d'un moment elle est venue vers moi; elle m'a dit : "Viens dehors avec moi, on va aller fumer une cigarette."

«On est allés dehors; on s'est assis sur la rampe devant le bar puis je lui ai dit, juste comme ça, j'ai dit : "J'ai vraiment envie de t'embrasser."

Puis elle a dit : "Vraiment?"

J'ai dit : "Ouais."

Puis elle a dit : "Oui, mais y a Morgan."

J'ai dit : "Je m'en occupe, de Morgan." »

— Est-ce qu'il l'a appris?

«Je lui ai dit le lendemain. Il a dit (Jesse a baissé sa voix d'une octave) : "C'est pas grave, j'm'en fous." Mais ce soir-là on est allés prendre une bière après le travail puis il s'est saoulé vraiment vite puis il a dit : "Tu te penses tellement bon parce que t'es avec Chloë."

«Mais il m'a appelé le lendemain matin; c'était, comme, triste un peu, mais, genre, courageux aussi. Il a dit : "Hey, man, je trouve que ça fait bizarre que tu sortes avec elle."

«Puis j'ai dit : "Ouais, moi aussi." »

Il s'est allumé une cigarette, la tenant de l'autre côté de la chaise, loin de moi.

«C'est toute une histoire, ça», ai-je dit (les draps bougeaient dans la brise légère). Il s'est appuyé contre le dossier de sa chaise, s'imaginant Dieu sait quoi, des cours prénataux avec Chloë, une tournée avec Eminem.

— Penses-tu qu'on va survivre à ça, Morgan et moi?
Je veux dire, notre amitié. Toi et Arthur Cramner, vous
avez survécu.

— Il faut que je sois honnête avec toi, Jesse. Les
femmes, des fois, c'est un sport extrême.

«Comment ça?» Il voulait continuer à parler de
Chloë Stanton-McCabe. L'histoire s'était racontée trop
rapidement.

C'était un bon été pour nous deux. Je trouvais du
travail, ici et là (j'étais, semble-t-il, sur la bonne voie),
quelques apparitions publiques à la télé, un voyage
à Halifax pour une émission de radio littéraire, une
autre entrevue avec David Cronenberg, un article
pour un magazine masculin qui m'a emmené à
Manhattan. Mon budget ne se bouclait pas, l'argent
sortait plus qu'il n'entrait, mais au moins je n'avais plus
l'impression de souffrir d'une hémorragie financière,
que quelque chose de triste, même de tragique, allait
m'arriver d'ici cinq ans.

Puis une chose s'est produite, comme un point
final au bout d'une phrase. Qui m'a donné l'impression que le mauvais sort allait arrêter de s'acharner
sur moi. Pour quelqu'un d'autre, ça semblait sûrement
banal. J'étais invité à écrire une critique de cinéma
pour un journal national. Ça payait une misère,
c'était juste une fois, mais – comment dire – j'avais
toujours rêvé de faire ça. Parfois, ces choses ont un
attrait bien au-delà de leur valeur réelle, comme un
universitaire qui veut donner une conférence à la
Sorbonne ou un acteur qui veut jouer dans un film

avec Marlon Brando. (C'est peut-être un très mauvais film. Peu importe.)

Jesse travaillait le soir. Il était toujours commis de cuisine, à laver et couper les légumes, nettoyer les calmars, mais parfois ils le laissaient travailler au gril, ce qui avait à peu près le même attrait disproportionné que ma critique de film. Ces choses sont consternantes de subjectivité.

Les gars de gril sont des durs, très machos ; ils aiment suer, sacrer et boire et travailler de trop longues heures et parler de « salopes » et de « trous de cul sur le b.s. ». Maintenant Jesse était l'un d'eux. Après son quart de travail, il aimait rester en tablier et fumer des cigarettes en ressassant la soirée – c'était ce qu'il préférait : comment ils en ont bavé vers neuf heures (une vague de clients sont arrivés tous en même temps), comment ils ont mis une serveuse sur le « banc des pénalités » (ils retardaient ses commandes). On ne rigole pas, avec les gars de la cuisine.

Il y avait une sorte d'étrange humour pseudo-gai dans la cuisine – dans toutes les cuisines, disait-il : les gars qui se traitent de tapettes, de qui est-ce qui se la fait mettre dans le cul, etc., etc. La seule chose qu'il ne fallait pas se dire, c'était « trou de cul ». Ça c'était sérieux : une vraie insulte.

Il aimait quand Chloë venait le chercher après le travail, cette Marilyn Monroe avec un diamant dans la narine. Tous les gars assis autour, qui étaient témoins.

— Comment tu la trouves ? m'a-t-il demandé un soir, son visage près du mien.

— Bien, ai-je répondu.

— T'as hésité.

— Non, pas du tout, je la trouve formidable.

— Ouais?

— Ouais.

Un moment de réflexion. « Si elle me laissait, qu'est-ce que tu dirais? »

— Je prendrais ton parti.

— Qu'est-ce que tu veux dire?

— Ça veut dire que je dirais ce qu'il faut pour te faire sentir mieux.

Pause. « Penses-tu qu'elle va me laisser? »

— Misère, Jesse.

———————

Nous regardions des films mais moins souvent qu'avant. Peut-être deux fois par semaine, parfois moins. On aurait dit que le monde nous tirait chacun hors du salon, et j'avais l'impression que cette chose précieuse arrivait à sa conclusion naturelle. Fin de partie. La ligne d'arrivée.

J'ai amorcé un module de « Trésors enfouis ».

Je lui ai montré un film de Robert Redford, *Quiz Show* (1994), qui est plus admirable, plus riche à chaque nouvelle écoute. C'est l'histoire d'un beau et charmant professeur d'université, Charles Van Doren (Ralph Fiennes), qui se laisse embarquer dans un scandale de jeu télévisé dans les années cinquante, où les concurrents se voyaient donner les réponses avant le match. Comme pour les Séries mondiales « arrangées » de 1919, ç'avait été un poignard planté dans le cœur du public américain, naïf et candide. Que l'un de leurs chouchous – et le fils d'un universitaire réputé, Mark Van Doren (joué par le grand Paul Scofield) – en fasse partie rendait la chose d'autant plus douloureuse.

Comme *The Great Gatsby, Quiz Show* nous fait pénétrer dans un monde moralement boiteux, mais il le rend si beau que nous comprenons la tentation de vouloir y entrer et y rester. J'ai demandé à Jesse de porter attention à la superbe chimie entre Rob Morrow, qui fait le commissaire d'enquête, et Ralph Fiennes qui accepte, une seule fois, une chose qu'il aurait dû refuser.

Le jeu le plus intéressant, les moments les plus puissants viennent des yeux de Ralph Fiennes. (Pour certaines scènes, on dirait même qu'il les a maquillés davantage.) J'ai dit à Jesse d'attendre le moment où l'on demande à Fiennes comment «le bon Abraham Lincoln» se débrouillerait dans un jeu télévisé. Regarde ce que Fiennes fait avec ses yeux. Regarde comme ils bougent quand il parle à Rob Morrow : ils font un petit jeu de cache-cache ; il n'arrête pas de regarder le jeune homme, comme s'il se disait tout bas : «Que sait-il exactement ? Que sait-il ?»

Il y a une séquence où ils jouent au poker : Fiennes fait son pari et Morrow dit : «Je crois que vous mentez.» On entend presque le cœur de Fiennes battre quand il répond, le souffle coupé par la paranoïa : «Bluffer. On dit "bluffer".» Il fait penser à Raskolnikov dans *Crime et châtiment* de Dostoïevski.

— Est-ce que tu t'ennuies du temps où t'étais à la télévision ? m'a demandé Jesse, après le film.

«Parfois.» Je lui ai expliqué que je m'ennuyais du salaire, mais surtout de la possibilité de tenir une douzaine de conversations de trente secondes, prodigieusement superficielles, avec des gens que je connaissais à peine. «Ça peut mettre un rayon de soleil dans une journée, crois-le ou non.»

— Mais est-ce que tu t'ennuies de passer à la télévision?

— Non. Jamais. Toi?

— Si je m'ennuie d'avoir un père qui passe à la télévision? Non, pas du tout. J'y pense même pas.

Et là-dessus il s'est levé, est monté dans sa chambre, et son maintien général, ses mouvements aisés – pour le moment, du moins – n'étaient plus ceux d'un adolescent.

———————

Encore des «Trésors enfouis». C'était comme manger de la tarte au sucre directement du frigo. (Pas besoin de salir une assiette.) *The Last Detail* (1973). «Voici, lui ai-je dit, cinq raisons pour lesquelles on aime Jack Nicholson:

1. Parce que, pour le citer, "C'est pas difficile d'arriver au sommet. Ce qui est difficile, c'est d'y rester." Jack fait des films depuis quarante-cinq ans. Personne ne peut être aussi "chanceux" ou faire semblant aussi longtemps. Il faut être un grand.

2. J'aime que Jack Nicholson fasse le détective dans *Chinatown* (1974) avec – pendant la majeure partie du film – un bandage sur le nez.

3. J'aime ce bout dans *The Shining* où Jack surprend sa femme en train de lire les pages délirantes de son roman et lui demande: "Comment tu trouves ça?"

4. J'aime le fait que Jack ait attendu l'âge de cinquante ans avant de se mettre à jouer au golf.

5. J'aime quand Jack plaque son fusil sur le bar dans *The Last Detail* et dit : "C'est moi, la putain de garde côtière !" »

Certains disent que la meilleure performance d'acteur de Nicholson est dans *The Last Detail*. Il y joue « Badass » Buddusky, un marin fumeur de cigares, cracheur d'obscénités – un homme très bouillant – qui doit escorter un gars à travers tout le pays pour l'emmener en prison. Jack veut lui donner un peu de bon temps, le faire boire et le faire baiser, avant qu'il commence sa peine.

Quand le film est sorti, Roger Ebert a écrit que Nicholson avait « créé un personnage si complet et si complexe qu'on arrête de penser au film et qu'on veut juste savoir ce que sera son prochain coup ». Certains films élèvent le juron à une forme d'expression artistique. Tu te souviens du sergent des Marines dans *Full Metal Jacket* (1987) ? Comme les œufs, le mot qui commence par « f » peut être apprêté de mille et une manières et on peut en entendre plusieurs dans *The Last Detail*. Les producteurs du film ont voulu calmer le jeu avant que le scénario ne se rende devant les caméras. Ils étaient tout simplement horrifiés par le nombre de gros mots utilisés et ils savaient, avec raison, que Jack Nicholson allait les recracher avec une adresse frondeuse. Un des producteurs de Columbia se souvient : « Dans les sept premières minutes, il y avait trois cent quarante-deux "fuck". On ne pouvait pas avoir ce genre de langage chez Columbia, on ne pouvait même pas avoir de sexe. »

Robert Towne (*Chinatown*), qui a écrit le scénario, a dit : « Quand on faisait l'amour pour Columbia, il fallait que ce soit à une distance de trois cents pieds. Mais les films étaient en train de s'ouvrir et celui-ci était l'occasion d'écrire des personnages de marins et de les faire parler comme ils le faisaient vraiment. Le patron du studio s'est assis avec moi et il m'a dit : "Bob, est-ce que vingt 'motherfucker' ne seraient pas plus efficaces que quarante 'motherfucker' ? " J'ai dit non, les gens parlent comme ça quand ils sont impuissants à agir. Ils râlent.» Towne a tenu bon. Nicholson l'a appuyé – et puisque Jack était la plus grande star d'Hollywood, ç'a mis fin à la discussion.

―――――――――

Choisir un film pour quelqu'un est une chose risquée. En un sens, c'est aussi révélateur que de lui écrire une lettre. Ça expose notre façon de penser, ça parle de ce qui nous émeut, ça peut même parfois exhiber la façon dont nous pensons être perçus par le monde. Donc quand, d'un souffle, on recommande un film à un ami, quand on lui dit : «Ah! Celui-là est hilarant, tu vas l'adorer», il est particulièrement douloureux de croiser cet ami le lendemain et de l'entendre dire, les sourcils froncés : «T'as trouvé ça *drôle*?»

Je me souviens avoir recommandé *Ishtar* à une femme dont je m'étais entiché, une fois, pour ensuite être la cible de son regard acéré quand je l'ai revue peu de temps après. Ah, disait-il, t'es comme ça, toi, dans le fond.

Au fil des ans, j'ai donc appris à me la fermer dans les clubs vidéo, où j'ai parfois envie de hurler des avertissements à de parfaits étrangers, où je voudrais leur arracher le film des mains et les assurer, devant leur air effaré, que cet autre film, lui, là, là-bas, est un meilleur choix. J'ai toutefois quelques valeurs sûres, des films que j'ai recommandés et qui ne sont jamais revenus me hanter. *The Late Show* (1977) fait partie de ceux-là. C'était mon prochain choix.

Il s'agit d'un simple thriller à propos d'un détective privé sur le déclin (Art Carney) et d'une jeune voyante nunuche (Lily Tomlin) qui se voient mêlés à une série de meurtres à Los Angeles. Même si le film a plus de trente ans, la plupart des gens ne semblent pas l'avoir vu. Mais quand ils s'y mettent, du moins tous ceux que j'ai encouragés à le faire, ils ont tous une réaction de surprise, de ravissement et de gratitude. Je crois que certaines personnes ont même réévalué l'opinion qu'elles avaient de moi.

En préparant *The Late Show* pour Jesse, je suis tombé sur la critique qu'en avait faite Pauline Kael dans *The New Yorker*. Elle avait adoré le film mais n'arrivait pas à le cerner. «Ce n'est pas vraiment un thriller, disait-elle. C'est un film unique en son genre, une ode d'amour-haine au sordide.»

The Friends of Eddie Coyle n'est pas resté longtemps en salles en 1973. Il est toujours aussi introuvable dans les clubs vidéo, même dans les petites boutiques spécialisées qui tiennent des films d'horreur finlandais. Le film était réalisé par Peter Yates (*Bullitt*), mais la vraie bonne raison pour voir ce film est ce mage aux paupières lourdes qu'est Robert Mitchum, qui joue le rôle d'un escroc à la petite semaine nommé Eddie Coyle. On connaît tous quelqu'un comme Eddie, un gars né pour prendre les mauvaises décisions. Un genre d'oncle Vania récidiviste.

Au fil du temps, Robert Mitchum semble s'améliorer sans cesse : ce torse puissant, cette voix profonde, cette façon de traverser un film avec l'aisance d'un chat qui s'invite dans un dîner mondain. Il avait un tel talent, et pourtant, bizarrement, il prenait un plaisir cruel à le nier. « Écoutez. J'ai trois expressions, disait-il. Regarder à gauche, regarder à droite, puis regarder en avant. » Charles Laughton, qui l'a dirigé dans *Night of the Hunter* (1955), disait que ce côté bourru, « Bébé, j'm'en fous », n'était qu'un numéro. Robert Mitchum, affirmait-il, était un lettré, un homme charmant, gentil, qui parlait de la plus belle manière et qui aurait fait, parmi les acteurs de sa génération, l'un des meilleurs Macbeth. Mitchum le disait autrement : « La seule différence entre moi et mes collègues acteurs, c'est que moi j'ai passé plus de temps en prison. »

Mais tandis que nous regardions ces films, j'avais parfois l'impression que la présence de Jesse était un peu plus forcée que d'habitude. Au bout de trente minutes de *Stardust Memories* (1980) de Woody Allen, je pouvais deviner, à sa posture, l'éloquent coude appuyé, que le film l'ennuyait ; je me suis mis à soupçonner qu'il le regardait pour me faire plaisir, pour me tenir compagnie.

— Devine qui était directeur photo sur *Stardust*, ai-je demandé.

— Qui ?

— Le Prince des Ténèbres.

— Gordon Willis ?

— Le même qui a fait *The Godfather*.

— Le même qui a fait *Klute*, a-t-il répondu distraitement.

Après une pause diplomatique, j'ai dit doucement :
« Je pense pas qu'il a fait *Klute*. »

— C'est lui.

— Je te gage cinq dollars que Gordon Willis n'a pas fait *Klute*.

Il savait gagner avec grâce, aucune ostentation quand il a décollé son derrière du divan pour glisser l'argent dans sa poche, son regard n'a même pas croisé le mien. « J'ai toujours pensé que c'était Michael Ballhaus qui avait fait *Klute*. »

— Je peux comprendre. Tu penses peut-être aux premiers films de Fassbinder. Ils sont un peu granuleux.

Je l'ai fixé du regard jusqu'à ce qu'il lève la tête. « Quoi ? » Il savait très bien « quoi ».

13

Automne 2005. Chinatown. Chloë, qui étudie maintenant en administration, est retournée à l'université à Kingston, Ontario. Peu de temps après, Jesse annonçait qu'il voulait quitter son emploi au restaurant et aller dans le nord pour écrire de la musique pendant un mois avec un ami à lui, un guitariste que je connaissais à peine. Le père du garçon était avocat, droit du divertissement, et possédait une grosse maison au bord du lac Couchiching. Un bateau, aussi. Ils pouvaient y rester gratuitement. Se trouver du boulot comme plongeurs au resto du coin. Qu'est-ce que j'en pensais ? Ce n'était pas vraiment une question – nous en étions conscients, tous les deux. J'ai dit bien sûr.

Et puis, juste comme ça, il était parti. J'ai pensé : Eh bien, il a dix-neuf ans, ainsi vont les choses. Au moins il sait que Michael Curtiz a tourné deux fins pour *Casablanca*, au cas où la triste ne fonctionnerait pas. Ça ne peut que lui être utile un de ces jours. On ne pourra pas dire que j'ai envoyé mon fils dans le monde sans défenses.

Pour la première fois, la chambre bleue au troisième étage dans Chinatown était vide. On aurait dit que quelqu'un avait aspiré toute la vie hors de la maison. Mais au bout de la deuxième semaine, j'ai commencé à apprécier. Pas de dégâts dans la cuisine, pas de traces de doigts collants sur la poignée du frigo, personne qui monte l'escalier avec fracas à trois heures du matin.

À l'occasion, il appelait à la maison, un peu par sens du devoir : les arbres étaient nus, le lac était froid, mais le boulot était correct ; tout le reste était pas mal bien. Ils écrivaient beaucoup de chansons. Couchés dans le bateau le soir, enveloppés de couvertures, regardant les étoiles, son ami grattant sa guitare. Peut-être que lui et Joel (c'était le nom du guitariste) allaient se prendre un appartement à leur retour en ville. Chloë allait monter, une fin de semaine.

Puis un jour (les gens à bicyclette portaient des gants, à nouveau), le téléphone a sonné et j'ai entendu la voix de Jesse. Ébranlé, comme un homme qui ne peut pas se trouver dans le présent, comme de la glace qui nous glisse sous les pieds.

— Je viens de me faire éjecter.

— Ton boulot ?

— Non. Chloë. Elle vient de m'éjecter.

Ils s'étaient chamaillés au téléphone (sa vie sans direction, ses amis losers ; «des serveurs et du personnel d'aéroport», comme elle les appelait). Quelqu'un a raccroché au nez de l'autre. D'habitude elle rappelait. (Ça s'était déjà produit auparavant.) Mais pas cette fois-ci.

Quelques jours ont passé. Au troisième matin, une journée lumineuse à la campagne, pleine de feuilles cuivrées, il s'est réveillé avec la certitude, comme s'il l'avait vu dans un film, qu'elle était avec quelqu'un d'autre.

«Alors je l'ai appelée. Elle a pas répondu. Il était huit heures du matin.» Mauvais signe, j'ai pensé, mais je n'ai rien dit.

Il l'a appelée pendant la journée, depuis la cuisine du restaurant; a laissé plusieurs messages. Appelle-moi, s'il te plaît. Je paye l'interurbain. Pendant ce temps, cette conviction, cette certitude grandissait en lui, comme une tache d'encre dans son corps, qu'une chose vraiment sérieuse était en train de se produire, qu'il se trouvait sur un terrain qui lui était totalement inconnu.

Finalement, vers dix heures ce soir-là, elle l'a rappelé. Il entendait du bruit en arrière-plan. De la musique, des voix étouffées. Où était-elle? Dans un bar.

— Elle t'a appelé d'un bar?

Il lui a demandé ce qui n'allait pas; il pouvait à peine trouver son souffle. C'était comme parler à un étranger. «Il y a des choses dont on doit parler», a-t-elle dit. Des mots indistincts. Il semblait, il n'en était pas sûr, qu'elle avait mis sa main sur le récepteur pour commander un martini au barman.

Il n'a pas perdu de temps (il m'a toujours impressionné pour ça), il est allé droit au but. Il a dit: «Est-ce que t'es en train de me laisser?»

— Oui, a-t-elle répondu.

Puis il a fait une erreur. Il lui a raccroché au nez. Raccroché puis attendu qu'elle le rappelle, en larmes. Il faisait les cent pas dans le salon de ce chalet dans le nord, les yeux rivés sur le téléphone. Lui parlant à voix haute. Mais le téléphone restait muet. Il l'a rappelée. Il a dit: «Qu'est-ce qui se passe, exactement?»

Alors elle lui a fait son numéro. Elle y avait pensé, a-t-elle dit. Ils n'étaient pas faits l'un pour l'autre; elle était jeune, elle allait à l'université, elle avait devant elle un «brillant avenir sur le marché du travail». Elle alignait les clichés les uns après les autres, avec cette nouvelle voix de jeune ambitieuse; il en avait déjà entendu des échos auparavant, mais maintenant ça ne lui donnait pas envie de l'étrangler: ça lui faisait peur.

Il a dit: «Tu vas le regretter, Chloë.»

— Peut-être, a-t-elle répondu, désinvolte.

— Alors c'est tout? Je fais plus partie de ta vie?

«Et tu sais ce qu'elle m'a dit après, p'pa? Elle a dit "Bye-bye, Jesse." Elle a dit mon nom, tout doucement. Ça m'a brisé le cœur de l'entendre dire mon nom comme ça: "Bye-bye, Jesse."»

Son ami Joel est rentré plus tard, après sa soirée au restaurant. Jesse lui a raconté l'histoire.

«Vraiment?» a dit Joel. Il a écouté pendant environ dix minutes, en mettant de nouvelles cordes sur sa guitare, et puis il s'est apparemment désintéressé et a voulu parler d'autre chose.

— As-tu dormi? ai-je demandé.

«Oui», a-t-il dit, comme surpris par la question. Je sentais qu'il voulait quelque chose de moi, mais aussi qu'il savait qu'il n'y avait rien que je puisse lui donner, sauf une direction vers laquelle projeter tout le poison amassé dans son corps au cours des derniers jours.

Enfin j'ai dit (inutilement): «J'aimerais pouvoir t'aider.»

Puis il s'est mis à parler. Je ne me souviens pas de ce qu'il m'a dit, ce n'est pas important, il voulait juste parler, parler, parler.

— Tu devrais peut-être rentrer à la maison.

— Je sais pas.

— Est-ce que je peux te donner un conseil?

— Bien sûr.

— Te lance pas dans la drogue ou l'alcool. Prends quelques bières. Je sais que t'es malheureux mais si tu pars sur une virée, tu vas te réveiller le lendemain puis tu vas penser que t'es en enfer.

— Je le suis déjà, il a dit, avec un rire triste.

— Crois-moi. Ça ferait juste empirer.

— J'espère que tu m'aimes encore.

— Mais bien sûr que je t'aime.

Pause. «Penses-tu qu'elle a quelqu'un d'autre?»

— J'en ai aucune idée, mon chéri. Mais je pense pas.

— Comment ça?

— Comment ça quoi?

— Comment ça se fait que tu penses qu'elle a pas quelqu'un d'autre?

— C'est juste que ce serait pas mal rapide.

— Mais elle est horriblement belle. Les gars sont toujours à tourner autour.

«Ça veut pas dire qu'elle va en ramener un chez elle.» J'ai regretté le choix de ces mots aussitôt que je les ai prononcés. Ils ouvraient le rideau sur une toute nouvelle série d'images mentales. Mais il était déjà rendu plus loin.

— Tu sais ce qui me fait peur?

— Oui, je le sais.

— Non, ce qui me fait vraiment peur.

— Quoi?

— J'ai peur qu'elle couche avec Morgan.

— Je pense pas que ça va arriver.

— Pourquoi pas?

— J'ai l'impression qu'elle en a bien fini avec lui.

— Ça me dérangerait pas trop si c'était quelqu'un d'autre.

Je n'ai rien répondu.

— Mais ce serait vraiment horrible si c'était avec Morgan.

Il y a eu une longue pause. Je pouvais le voir, dans ce chalet, le lac déserté, les arbres nus, une corneille qui croassait dans la forêt.

— Tu devrais peut-être rentrer.

Une autre longue pause de réflexion, au cours de laquelle je le devinais en train d'imaginer des choses horribles. Il a dit : « Est-ce qu'on peut parler encore un peu ? »

— Bien sûr. J'ai tout mon temps.

———————

Parfois, quand le téléphone sonnait tard le soir, j'hésitais une seconde. Je me demandais si j'étais capable de faire face à son irréparable agonie. Parfois je me disais : Je répondrai pas, je le ferai demain. Puis je me souvenais de Paula Moors et de ces matins d'hiver affolants où je me réveillais trop tôt, avec toute cette longue journée qui me bâillait au visage.

« Te souviens-tu quand tu disais que Chloë t'ennuyait, parfois ? » lui ai-je dit un soir au téléphone.

— J'ai dit ça ?

— T'as dit que t'avais peur de voyager avec elle parce qu'elle pourrait t'ennuyer dans l'avion. Tu m'as dit que tu tenais le téléphone loin de ton oreille parce que t'en pouvais plus de son verbiage carriériste.

— Je me souviens pas d'avoir jamais ressenti ça.

— Et pourtant. C'est la stricte vérité.

Longue pause. « Penses-tu que c'est immature de ma part que je sois en train de parler de tout ça avec mon père? Je peux pas parler à mes amis. Ils disent des choses stupides – ils font pas exprès, mais j'ai peur qu'ils disent quelque chose qui va vraiment me faire de la peine. Tu vois ce que je veux dire?»

— Et comment.

Un léger changement de ton, comme celui d'un homme qui avoue enfin avoir commis un crime. «Je l'ai appelée», a-t-il dit.

— Et?

— Je lui ai demandé.

— C'est courageux de ta part.

— Elle a dit non.

— Non à quoi?

— Non, elle couchait avec personne mais c'était pas de mes affaires.

— Quel commentaire merdique.

— «Pas de mes affaires»? Y a une semaine on était ensemble puis là c'est pas de mes affaires.

«Qu'est-ce que t'as…» Je me suis arrêté. «Qu'est-ce qu'elle pense que tu as fait pour qu'elle se mette dans cet état?»

— Morgan la traitait comme une merde. Il la trompait à tour de bras.

— Vraiment?

— Ouais.

— Mais toi, Jesse, qu'est-ce que t'as fait?

— Penses-tu que je vais jamais trouver une autre fille aussi belle?

Et ça continuait comme ça. J'avais d'autres soucis dans ma vie cet automne-là: ma femme, un gros papier sur Flaubert pour un magazine, des tuiles qui tombaient du toit, une autre critique de film pour «le journal», une locataire dans le sous-sol qui ne payait pas son loyer à temps, une molaire qui avait besoin d'une couronne (les assurances de Tina n'en couvraient que la moitié), mais je n'arrivais pas à m'enlever de la tête ce tourment sexuel que vivait Jesse.

Les gens disaient : «Il va s'en tirer. C'est la vie ; ça nous arrive à tous», mais je connaissais ces films qu'on se fait dans la tête au beau milieu de la nuit, je savais qu'on pouvait presque en devenir fou de douleur.

Et c'était bizarre aussi : juste au moment où je commençais à m'habituer à son absence, à le voir être aspiré dans le monde par la force même de la vie qui avance, maintenant, en un sens, il me revenait. Et je ne voulais pas que ça se passe ainsi. J'aurais été bien plus heureux d'être le gars au bas de l'échelle sociale, le père avec qui on mange quand tous ses amis sont occupés.

14

Il est rentré à la maison quelques semaines plus tard, par un temps froid où le vent soufflait dans un sens puis dans l'autre sur notre rue, comme un bandit; il attendait qu'on sorte dehors et quand on était rendus trop loin de la maison, il nous prenait par le col et nous donnait une bonne claque. Je me souviens de ces premiers jours très clairement : Jesse dans un fauteuil en rotin dehors, le regard perdu dans le vague, à déplacer les mêmes vieux meubles usés dans sa tête, essayant de trouver une disposition moins pénible, une issue à ce présent inacceptable.

Je m'assoyais dehors avec lui. Le ciel gris ciment comme si c'était le prolongement de la rue, comme si les deux se rencontraient quelque part au bout de l'horizon. Je lui ai raconté chacune des histoires d'horreur qui me sont arrivées : Daphné en huitième année (la première fille à me faire pleurer), Barbara au secondaire (m'a quitté dans un manège), Raissa à l'université («Je t'ai aimé, bébé, je t'ai vraiment aimé!») – une demi-douzaine de coups de couteau à courte portée.

Je lui ai raconté ces histoires avec zèle et délectation, la morale étant que je leur avais toutes survécu. Survécu au point qu'il était amusant maintenant d'en parler, de raconter leur horreur, le «désespoir du moment».

Je lui ai raconté ces histoires parce que je voulais qu'il comprenne, je voulais vraiment lui faire entrer dans la tête que, de ces poupées armées de pics à glace, de ces filles et ces femmes qui m'avaient fait pleurer et me tordre comme un ver sous une loupe, pas une seule n'était quelqu'un avec qui je voudrais être aujourd'hui. «Elles avaient raison, Jesse. En bout de ligne, elles avaient raison de me laisser. Je n'étais pas le bon gars pour elles.»

— Penses-tu que Chloë a eu raison de me laisser, p'pa?

Erreur. Je n'avais pas pensé que la voiture puisse tourner dans cette entrée de garage.

Parfois il écoutait comme un homme sous l'eau qui respire au moyen d'un roseau, comme si sa survie dépendait de ces histoires, de l'oxygène qu'elles lui donnaient. D'autres fois – et je devais être prudent –, elles pouvaient provoquer d'horribles fantasmes.

On aurait dit qu'il avait un morceau de verre brisé dans le pied; il ne pouvait penser à rien d'autre. «Je m'excuse de parler encore de ça», disait-il, puis il en parlait encore.

Ce que je ne lui disais pas c'était que, fort probablement, ça allait empirer, ça allait être encore bien pire avant de s'améliorer, avant d'atterrir dans le moelleux de l'existence, quand on se réveille un matin en se disant, Hmm, je pense que j'ai une ampoule au pied. Voyons voir. Mais oui! C'est bien ça. On se retrouve enfin au paradis. Qui y aurait cru?

Je devais être prudent avec les films que je choisissais. Et même là, quand j'en choisissais un qui n'avait rien à voir avec le sexe ou la trahison (ce qui est assez rare, j'en ai peur), je voyais bien qu'il utilisait l'écran comme une sorte de trampoline pour ses fantasmes douloureux, qu'en fixant son regard dans cette direction, il pouvait me faire croire qu'il écoutait, tandis qu'en réalité il se promenait à l'intérieur de sa tête tel un cambrioleur dans un château. Parfois je l'entendais gémir de douleur à la vue de ce qu'il venait de trouver.

— Tout va bien là-bas?

Il bougeait son grand corps sur le divan. «Ça va.» Je lui ai donné une autre salve de «Trésors enfouis», ce qui était comme lui servir le dessert avant le plat principal. N'importe quoi pour le détourner de sa violente imagination. N'importe quoi pour le faire rire.

Je lui ai montré *Ishtar*. Je m'en suis pris plein la gueule avec ce film mais je persiste. Personne ne peut nier que l'histoire bat de l'aile quand les deux musiciens ratés, Warren Beatty et Dustin Hoffman, arrivent dans le royaume désertique d'Ishtar et se trouvent mêlés à la politique locale. Mais avant et après, il y a de tels bijoux de comédie, Warren et Dustin portant des petits bandeaux et chantant à tue-tête et dansant le two-step. Un vrai bonheur. *Ishtar* est un bon film imparfait qui a été étranglé à la naissance parce que des journalistes grincheux en avaient assez de Warren Beatty et de ses trop nombreuses jolies compagnes.

Mais ça n'a pas aidé Jesse. J'aurais aussi bien pu lui montrer un documentaire sur une usine à clous.

Nous avons écouté beaucoup de «Trésors enfouis» au cours des semaines suivantes. Je sentais l'agitation de Jesse sur le divan à côté de moi; on aurait dit que son corps était replié sur lui-même, comme un animal

tapi dans le noir. Parfois j'arrêtais le film. Je disais :
«Veux-tu continuer?»

— Bien sûr, disait-il en sortant d'une transe.

Il y a une histoire à propos d'Elmore Leonard que j'ai toujours aimée. Dans les années cinquante, il travaillait comme rédacteur publicitaire chez Chevrolet. Afin de trouver un slogan accrocheur pour leur série de pick-ups, Leonard est allé sur le terrain pour interroger les gars qui les conduisaient. L'un d'eux a dit : «On peut pas les user, les enfants de chienne. On vient juste écœurés de les voir puis on en achète un autre.»

Les patrons de Chevrolet ont ri quand Leonard leur a présenté le fruit de son travail, mais ils ont dit non merci ; ce n'est pas vraiment ce qu'ils cherchaient à mettre sur les panneaux-réclame du pays. Mais c'était exactement le genre de langage parlé qui allait se retrouver dans les romans de Leonard dix ans plus tard quand il allait se mettre à l'écriture de polars. Il traduisait une impression de banalité sans jamais faire dans le banal.

Qui ne se souvient pas de cette scène dans le roman de Leonard paru en 1990, *Get Shorty*? Chili Palmer se fait chiper une veste de cuir dans un restaurant ; il ne dit pas : «Hey, elle est où, ma veste de cuir – elle m'a coûté quatre cents dollars.» Non, non. Il prend plutôt le propriétaire du resto à part et lui dit : «Tu vois une veste de cuir noire, mi-cuisse, des revers comme sur une veste de complet? Si tu la vois pas, tu me dois trois cent soixante-dix-neuf dollars.» Du vrai Elmore Leonard. Amusant et précis.

Et que dire de ce petit bout d'action dans son thriller paru en 1995, *Riding the Rap*. L'agent de la police fédérale, Raylan Givens, vient de tomber sur une paire de bandits sans défiance en train de voler une voiture. Leonard décrit ce qui s'ensuit de la façon suivante : « Raylan braqua son fusil sur les deux gars [...] et fit ce que tout agent de police sait être une garantie d'attention et de respect. Il mania la pompe de son fusil, encore et encore, et ce dur bruit métallique, mieux que le son d'un sifflet, amena les deux gars à se rendre compte qu'ils venaient de perdre leurs jobs. »

De nombreux films ont été adaptés de romans d'Elmore Leonard. *Hombre* en 1967 avec Paul Newman, *Mr. Majestyk* (1974), *Stick* avec Burt Reynolds en 1985, *52 Pick-Up* (1986). La plupart du temps, ces premiers films ne rendaient pas justice à l'humour noir et au bavardage magistral qui caractérisent les romans de Leonard. Il a fallu attendre une nouvelle génération de jeunes réalisateurs pour que ces éléments soient intégrés. Quentin Tarantino a fait un charmant – bien qu'un peu long – film en 1997, *Jackie Brown* ; *Get Shorty* a vraiment bien reproduit le ton de Leonard ; c'est bien de noter *en passant** que c'est la star du film, John Travolta, qui a insisté pour que le dialogue du roman soit utilisé.

Et puis en 1998 est arrivé *Out of Sight* du réalisateur Steven Soderbergh, avec George Clooney et Jennifer Lopez. Les critiques l'ont aimé mais les gens n'ont pas acheté de billets et – toujours le même triste refrain – le film est tombé dans l'oubli. Ce qui est vraiment dommage car c'était l'un des meilleurs films de cette année-là. C'est un classique des « Trésors enfouis » et c'est pourquoi je l'ai choisi pour Jesse.

Avant de commencer je lui ai demandé de remarquer un acteur nommé Steve Zhan. Il joue le rôle de Glenn, un loser sur la dope. Je n'irais pas jusqu'à dire qu'il vole la vedette à Jennifer Lopez et George Clooney mais il s'en faut de très peu. Nous sommes devant un acteur inconnu, diplômé de Harvard, entre parenthèses, qui n'a même pas pu obtenir d'audition, qui a dû produire son petit bout d'essai sur vidéo et l'envoyer au réalisateur. Soderbergh a regardé quinze secondes de l'enregistrement avant de dire : « On a notre homme. »

Encore une fois, je ne sais pas si Jesse a vraiment écouté le film. Il semblait entrer et sortir de l'histoire et je crois qu'il était soulagé quand ça s'est terminé ; il a disparu très rapidement en haut des marches.

Puis un jour, enfin, j'ai vraiment réussi mon coup : le film était si bon, Jesse était tellement captivé qu'il a semblé arrêter de penser à Chloë pendant quelques heures.

Il y a des années de ça, en marchant sur Yonge Street à Toronto par une belle journée d'été, je suis tombé sur un vieil ami. Ça faisait un bail que nous ne nous étions pas vus et nous avons décidé sur-le-champ d'aller voir un film, la meilleure manière d'aller au cinéma. Nous avons regardé le programme d'une salle tout près de là, six films à l'affiche. « Il faut que tu voies celui-là. Il le faut. »

C'est ce que nous avons fait. *True Romance* (1993) est un film presque insupportablement regardable. Un cadeau qu'on ne devrait se faire que deux fois l'an. Quentin Tarantino a écrit cette histoire de cocaïne, de meurtre et d'amourettes quand il avait vingt-cinq ans. C'était son premier scénario. Pendant cinq ans, il l'a trimballé partout : pas de preneurs. Il avait cette sorte de fraîcheur que les patrons de studio prennent pour de la maladresse. C'est seulement quand il a fait *Reservoir*

Dogs (1992), quand on se passait «le mot» à son sujet, que le réalisateur britannique Tony Scott l'a pris.

True Romance comporte un affrontement de huit ou neuf minutes entre Dennis Hopper et Christopher Walken qui pourrait bien être, selon moi, une des meilleures scènes de cinéma de l'histoire. (Je sais qu'on ne peut dire ça qu'une seule fois, et maintenant c'est fait.) C'est exaltant de voir ce que de bons acteurs peuvent faire quand ils se tiennent debout sur l'«architecture» d'un beau dialogue. Le plaisir qu'ils prennent également dans le travail l'un de l'autre est manifeste. Ils jubilent. Assis dans la salle, au moment où la scène a commencé, Christopher Walken annonçant: «Je suis l'Antéchrist», mon ami s'est penché à mon oreille et a murmuré: «Ça y est, c'est parti.»

Il y a d'autres gâteries considérables dans le film: un Gary Oldman théâtral en dealeur de drogue avec des dreads; voici un homme pour qui la violence est si ordinaire qu'il peut, comme Jesse l'a remarqué, «manger des mets chinois avec des baguettes avant que ça commence». Il y a Brad Pitt en Californien fumeur de pot, Val Kilmer en fantôme d'Elvis – et ça continue, ça n'arrête pas.

J'ai dit à Jesse d'attendre la déclaration d'amour finale, Christian Slater et Patricia Arquette batifolant sur une plage mexicaine, le soleil se couchant dans une flambée d'or et de rouge sang, la voix d'Arquette qui dit: «T'es trop cool, t'es trop cool, t'es trop cool.»

Ça lui a fait du bien, cette dernière scène. Ça l'a piqué au vif, comme s'il y avait une belle fille quelque part qui allait l'attraper un soir dans un bar au moment exact où la bonne chanson est en train de jouer. «T'es trop cool.»

Plus tard, nous étions sur la véranda, emmitouflés dans nos manteaux, la première neige qui tombait en étincelles brillantes disparaissant au contact du sol. « J'ai jamais aimé regarder des films avec Chloë, a dit Jesse. Je détestais ses commentaires. »

— Tu peux pas être avec une femme si tu peux pas aller au cinéma avec elle, ai-je répondu (sur le ton de grand-papa Walton). C'était quoi, comme commentaires ?

Il a regardé la neige tomber pendant un moment ; dans la lumière des lampadaires, ses yeux semblaient luisants, comme du verre. « Des trucs stupides. Elle essayait d'être polémique, genre. Ça faisait partie de son trip "jeune professionnelle". »

— Ça devait être chiant.

« Ce l'était, surtout quand on écoutait un film que j'aimais vraiment. Tu veux pas d'une personne qui fait son intéressante. Tu veux juste qu'elle aime ça. Tu sais ce qu'elle a dit une fois ? Elle a dit que le *Lolita* de Stanley Kubrick était meilleur que celui d'Adrian Lyne. » Il a secoué la tête et s'est penché en avant. « C'est tellement pas vrai. Le *Lolita* d'Adrian Lyne est un chef-d'œuvre. »

— En effet.

— Je lui ai montré *The Godfather*. Mais juste avant je lui ai dit : « J'ai pas vraiment le goût d'entendre des critiques sur ce film-là, O.K. ? »

— Qu'est-ce qu'elle a dit ?

— Elle a dit que j'étais « contrôlant ». Qu'elle avait droit à sa propre opinion.

— Qu'est-ce que t'as répondu ?

— « Pas à propos de *Godfather*. »

— Qu'est-ce qui est arrivé après ?

«Je suppose qu'on s'est engueulés», a-t-il dit, à bout de nerfs. (Toutes les pensées mènent à Rome.) La neige semblait tomber plus fort, maintenant ; elle tournoyait, virevoltait dans la lumière des lampadaires ; on la voyait contre les phares des voitures qui passaient sur notre rue. «Je voulais juste qu'elle aime ça. C'est tout. »

— Je sais pas, Jesse, mais ça m'a pas l'air d'avoir été une histoire de rêve, ça. Vous pouvez pas aller au cinéma ensemble parce qu'elle t'énerve ; vous pouvez pas prendre une marche parce qu'elle t'ennuie.

Il a secoué la tête. «Bizarre, a-t-il dit au bout d'un moment, j'arrive pas à me souvenir de rien de tout ça maintenant. Je me souviens juste d'avoir eu du fun. »

Ma femme est sortie ; la lumière de la véranda s'est allumée. Il y a eu un crissement de pattes de chaise sur le bois. La conversation s'est arrêtée puis a repris de nouveau. Elle savait qu'elle devait rester. Après un moment je les ai laissés seuls, tous les deux. Je pensais qu'il y avait quelque chose qu'elle pourrait lui dire pour l'aider à se sentir mieux. Ç'avait été toute une fêtarde, notre Tina, dans ses années d'université. Je savais qu'il y avait une autre perspective qu'elle pouvait donner à toute cette histoire de Morgan, mais je sentais qu'il fallait que je m'absente pour que l'anecdote soit transmise. À un moment, j'ai jeté un coup d'œil par la fenêtre du salon ; ils étaient assis très près l'un de l'autre. Elle parlait, il écoutait, puis, à ma grande surprise, j'ai entendu quelque chose d'inespéré ; le son d'un rire : ils riaient.

C'est devenu un rituel à la fin de la journée pour eux, de se retirer sur la véranda, fumer une cigarette et faire un brin de jasette. Je ne me joignais jamais à eux; c'était leur intimité et ça me réconfortait de savoir que Jesse pouvait parler à une femme plus âgée (et inconcevablement expérimentée). Je sais qu'elle lui a raconté des choses que je ne savais probablement pas à propos de ses «années folles», comme elle les appelait. Je ne me suis jamais enquis de ce qui s'était échangé entre eux. Il y a des portes qu'il vaut mieux ne pas ouvrir.

Je vois d'après mes cartes jaunes que je pensais lui montrer *It's a Wonderful Life* encore une fois mais, craignant qu'il ne voie Chloë dans le rôle de Donna Reed, j'ai reculé au dernier moment et je lui ai montré *Le souffle au cœur* (1971) de Louis Malle. J'hésitais à lui montrer un film d'art français – je savais qu'il voulait être diverti –, mais ce film est tellement bon que ça valait la peine d'essayer.

Comme *Les quatre cents coups*, *Le souffle au cœur* est un film sur le passage de l'enfance à l'âge adulte, sur l'étrange maladresse, la vie intérieure excessivement riche dont les garçons font l'expérience au tout début de l'adolescence. C'est une période de remarquable vulnérabilité à laquelle les écrivains aiment retourner – probablement parce que c'est une période où les choses s'inscrivent profondément, quand le ciment n'est pas encore pris.

Le garçon dans *Le souffle au cœur* porte cette vulnérabilité dans son corps, les épaules légèrement voûtées, les bras trop longs avec cette sorte de cognage et d'accrochage de jeune girafe qui essaie de se frayer un chemin dans le monde. Il y a une impression de formidable nostalgie qui se dégage du film, comme si l'auteur, Louis Malle, écrivait à propos d'une époque dans sa vie où il avait été très, très heureux mais qu'il n'allait le comprendre que des années plus tard. C'est aussi un film qui savoure les petits détails de l'adolescence avec une telle acuité qu'ils en deviennent familiers : il y a des moments où nous nous reconnaissons, comme si, nous aussi, nous avions grandi dans une famille française, une petite ville des années cinquante.

Et quelle fin. C'est difficile de croire que quelqu'un puisse terminer un film comme Louis Malle l'a fait. Je n'en dirai pas plus sinon que de temps à autre, un événement survient dans notre vie et nous rappelle que, même si nous croyons connaître une personne, même si nous croyons connaître chaque moment important de sa vie, ce n'est pas et ce ne sera jamais le cas.

«Wow!» a dit Jesse en me regardant, d'abord avec incrédulité, à la fois amusé et inconfortable, puis avec admiration. «Ça c'est un réalisateur qui a des couilles!»

En regardant ces «Trésors enfouis», Jesse faisait parfois des commentaires ici et là et, encore une fois, j'étais surpris de constater qu'il avait beaucoup appris sur le cinéma en trois ans. Non pas que c'était important pour lui; il aurait tout échangé contre un seul coup de fil.

— Tu sais, ai-je dit après le film, t'es devenu un vrai bon critique de cinéma.

— Ah bon? a-t-il répondu, absent.

— T'en connais plus sur le cinéma que moi quand j'étais le critique de films national à CBC.

«Ah bon?» Pas vraiment d'intérêt. (Pourquoi ne veut-on jamais faire les choses dans lesquelles on excelle?)

— Tu *pourrais* être critique de cinéma.

— Je connais juste les affaires que j'aime. C'est tout.

Au bout d'un moment j'ai dit doucement : «Fais-moi plaisir, O.K. ?»

— O.K.

— De mémoire, peux-tu me nommer trois innovations qui ont été apportées par la Nouvelle Vague ?

Il a cligné un peu des yeux puis il s'est redressé. «Euh, des petits budgets ?»

— Ouaip.

— Mouvements de caméra fluides ?

— Oui.

— Les films qui sortent des studios pour aller dans la rue ?

— Peux-tu nommer trois réalisateurs de la Nouvelle Vague ?

«Truffaut, Godard et Éric Rohmer.» (Il y prenait goût maintenant.)

— Quelle est ta scène préférée dans *The Birds* de Hitchcock ?

— La scène où on voit une cage à grimper vide, au-dessus de l'épaule de Tippi Hedren, puis quand on la revoit, elle est pleine d'oiseaux.

— Pourquoi est-ce que c'est bon ?

— Parce que ça dit au spectateur que quelque chose va se passer.

— Et comment on appelle ça ?

«Le suspense. Comme quand Hitchcock a fait construire un deuxième escalier dans *Notorious*.» Il lançait les réponses avec une certitude blasée qui le réjouissait. Pour un instant, j'ai eu l'impression qu'il se plaisait à imaginer que Chloë entendait tout ça, une troisième personne dans la pièce.

— Qui était le directeur photo préféré de Bergman ?

— Facile. Sven Nykvist.

— Quel film de Woody Allen est-ce qu'il a fait?

— En fait, il en a tourné deux: *Crimes and Misdemeanors* et *Another Woman*.

— Selon Howard Hawks, qu'est-ce qui fait un bon film?

— Trois bonnes scènes et aucune mauvaise.

— Dans *Citizen Kane*, un homme décrit ce qu'il a vu sur un quai du New Jersey cinquante ans auparavant. Qu'est-ce que c'est?

— Une femme avec une ombrelle.

— Dernière question. Si tu l'as, t'as droit à une autre sortie au resto. Nomme trois réalisateurs du Nouvel Hollywood.

Il a allongé son index: «Francis Coppola» – pause – «Martin Scorsese» – plus longue pause – «Brian De Palma».

Au bout d'un moment j'ai dit: «Tu vois ce que je veux dire?»

Ç'a dû mettre un peu d'effervescence dans l'air parce que plus tard ce soir-là, il a glissé un CD-ROM dans mon ordinateur. «C'est pas encore au point», a-t-il dit en guise d'introduction. C'était une chanson qu'il avait écrite dans le nord, un de ces soirs où le vent léchait les fenêtres, quand Chloë était partie pour ne jamais revenir. Ça commençait par un violon jouant la même *petite phrase** encore et encore, puis le rythme est arrivé, basse et batterie, puis sa voix.

La plupart d'entre nous, je le sais, pensent que leurs enfants sont des génies même quand ils ne le sont pas (ils accrochent leurs petits dessins maculés sur le frigo comme si c'étaient des Picasso), mais cette chanson, *Angels*, je l'ai réécoutée l'autre jour, longtemps après que toute cette folie à propos de Chloë s'était dissipée, et je peux affirmer ceci : Il y avait quelque chose de remarquable dans ce message à une jeune femme inconstante. Je percevais une assurance dans l'élocution qui semblait venir d'une autre personne que le garçon assis sur le même divan que moi en ce moment, ses lèvres articulant les paroles en silence.

Mais ce n'est pas ce qui m'a frappé le plus. Le gros changement se trouvait dans les paroles. Elles condamnaient et imploraient à la fois. Elles étaient dures, volontairement blessantes, obscènes, comme si l'auteur s'était retourné comme un gant, comme un poisson exotique. Et elles étaient, pour la première fois, *vraies* ; plus de conneries sur la vie dans le ghetto ou l'avidité du capital ou faire son chemin parmi les seringues et les condoms dans la cour quand il était enfant. *Angels* était le vrai truc – comme si quelqu'un lui avait arraché une couche de peau et avait enregistré le hurlement.

En écoutant la chanson, j'ai pris conscience – avec soulagement, bizarrement, et non déplaisir – qu'il avait plus de talent que moi. Un talent naturel. C'était le supplice infligé par Chloë qui l'avait déterré. Grâce à elle, son écriture avait perdu son gras de bébé.

Tandis que la voix sur le CD s'estompait, que le violon plaintif s'estompait (c'était comme une scie qui allait et venait, le fer qu'on tourne dans une plaie), il a dit : « Qu'est-ce que t'en penses ? »

Lentement, délicatement, pour qu'il savoure le moment, j'ai dit : « Je pense que t'as du talent à revendre. »

Il a sauté sur ses pieds exactement comme la fois où je lui avais demandé s'il voulait arrêter l'école. « C'est pas mal, hein ? » a-t-il dit, excité. J'ai pensé : Ah, voici peut-être l'issue à cette histoire avec Chloë.

Je suis rentré tard ce soir-là. La véranda était plongée dans le noir ; je ne l'ai pas aperçu avant d'être pratiquement sur lui. « Misère, tu m'as fait peur. » Derrière lui, par la fenêtre, je pouvais voir Tina qui s'affairait dans la cuisine fortement éclairée et je suis entré pour la voir.

Normalement, Jesse, avide de conversation, m'aurait suivi à l'intérieur, en jacassant à propos de choses et d'autres. Parfois il me suivait même jusqu'aux toilettes et me parlait à travers la porte. J'ai échangé les bonnes nouvelles du jour avec ma femme (boulot à droite, boulot à gauche, boulot, boulot, boulot) puis je suis retourné dehors. J'ai allumé la lumière. Jesse s'est cassé le cou pour me regarder, un sourire crispé dessiné sur ses lèvres.

Je me suis assis à côté de lui, sans un mot. « Tu sais, la seule chose que j'avais peur qui arrive ? »

— Oui.

— C'est arrivé.

Un ami l'avait appelé, lui avait fait l'annonce au téléphone.

— T'es sûr ?

— Ouaip.

— Comment tu sais que c'est avec Morgan ?

— Parce qu'il l'a dit à mon ami.

— Qui te l'a dit ensuite ?

— Oui.

— Misère, pourquoi faire une chose pareille ?

— Parce qu'il l'aime encore.

— Non, je veux dire pourquoi est-ce que ton ami te l'a dit?

— Parce que c'est un ami à moi.

La dame chinoise de l'autre côté de la rue est sortie avec un balai et s'est mise à balayer vigoureusement ses marches. J'osais à peine regarder Jesse.

— Je pense qu'elle est en train de faire une très grosse erreur, ai-je dit, impuissant.

Swish, swish, faisait le balai, tandis que la femme tournait sa petite tête en tous sens.

— Je vais plus jamais la reprendre, maintenant. Jamais.

Il a glissé hors de sa chaise puis descendu les marches de la véranda, et c'est alors que j'ai remarqué ses oreilles. Elles étaient rouges comme s'il avait été penché en avant dans sa chaise et qu'il se les était frottées. Il y avait quelque chose à propos de ses oreilles et de la façon dont il marchait en s'éloignant – comme s'il n'avait nulle part où aller, comme si toute tâche, tout geste humain, à part *elle*, était futile, un grand stationnement vide qui s'étend jusqu'à l'horizon – qui me serrait le cœur et me donnait envie de le rappeler ici.

———————

J'allais lui montrer un film de Jean-Pierre Melville, *Un flic* (1972), mais il voulait plutôt revoir *Chungking Express*. Il est allé le chercher dans sa chambre en haut. «Est-ce que ça te dérange? Je voudrais voir un film d'avant Chloë.» Mais au beau milieu du film, quand *California Dreaming* déchirait l'écran, que la jeune fille fine comme un roseau dansait et tournoyait dans l'appartement, il l'a arrêté. «Ça marche pas. Je pensais que ça allait pouvoir m'inspirer.»

— T'inspirer comment?

— Ben, tu sais, je me suis remis de Rebecca, maintenant je vais me remettre de Chloë.

— Oui?

— Mais je peux pas revivre ça. Je me souviens plus comment c'était d'aimer Rebecca. Ça fait juste me faire penser à Chloë. C'est trop romantique. J'en ai les mains moites.

Il n'est pas revenu à la maison le lendemain soir, il a plutôt laissé un message un peu tendu, un peu solennel sur la boîte vocale disant qu'il allait passer la nuit au «studio». Je n'avais jamais vu cet endroit mais je savais que c'était petit, que c'était «grand comme ma main». Où est-ce qu'il allait dormir? Et puis il y avait le ton de sa voix, sa profondeur trop appuyée. La voix d'un jeune homme qui se confesse d'un vol de voiture.

J'ai mal dormi cette nuit-là. Vers les huit heures le lendemain, encore inquiet, j'ai appelé Jesse sur son cellulaire et je lui ai laissé un message, lui ai dit que j'espérais qu'il allait bien, pouvait-il rappeler son père dès qu'il aurait une chance. Et puis, sans transition, j'ai ajouté que je savais à quel point il se sentait malheureux mais que toute forme de drogue, la cocaïne en particulier, allait probablement le faire atterrir à l'hôpital. Peut-être le tuer.

«Tu peux pas passer à côté, cette fois», ai-je dit en marchant de long en large dans mon salon vide, le soleil mouchetant la véranda à l'extérieur. «Y a pas de raccourcis.» J'étais prétentieux et pas du tout convaincant. Mais quand j'ai raccroché le téléphone, j'étais plus calme ; aussi maladroit que j'aie pu sembler, au moins j'avais dit ce que j'avais à dire.

Vingt minutes plus tard, il me rappelait. C'était étrange qu'il soit debout si tôt le matin. Mais il était bien là, avec une voix d'outre-tombe, précautionneux, comme si quelqu'un tenait un fusil braqué sur lui ou écoutait attentivement la conversation tandis qu'il me parlait.

— Est-ce que tout va bien ? ai-je demandé.

— Oui, oui, tout va vraiment bien.

— C'est pas l'impression que tu me donnes.

Là-dessus, il a renâclé, amer : « C'est assez déplaisant, ce que je vis, ces temps-ci. »

« Je sais que c'est difficile, Jesse. » Pause. Il n'a pas mordu. « Je vais te voir ce soir, alors ? »

— Ça se peut qu'on répète.

— Oui, mais bon, j'aimerais ça te voir après. Prendre un verre de vin avec Tina.

— Je vais voir ce que je peux faire.

Voir ce que je peux faire. (Je te demande pas de faire un don volontaire à la banque de sang, fiston.)

J'avais la très forte impression qu'il ne fallait pas que je le pousse, qu'il était loin, très loin au bout d'une laisse qui était mystérieusement devenue très mince. Éminemment fragile. J'ai dit au revoir.

C'était une journée étrangement belle, au soleil aveuglant, les arbres nus, les nuages traversant le ciel à la hâte. Une journée irréelle.

Le téléphone a sonné à nouveau. Une voix morne. Dénuée de toute inflexion. « Je m'excuse de t'avoir menti. » Pause. « J'ai pris de la drogue hier soir. Je suis à l'hôpital, là. Je pensais que j'étais en train de faire une crise cardiaque; ma main gauche est devenue engourdie alors j'ai appelé une ambulance.»

— Fuck! est tout ce que j'ai pu laisser échapper.

— Je m'excuse, p'pa.

— T'es où?

Il m'a dit le nom de l'hôpital.

— Veux-tu bien me dire où c'est, ça?

Je l'ai entendu recouvrir le récepteur. Il a enlevé sa main puis m'a donné l'adresse.

— Es-tu dans la salle d'attente maintenant?

— Non. Je suis avec les infirmières. Au lit.

— Reste où tu es.

Pendant que je m'habillais, sa mère a appelé. Elle répétait une pièce tout près de chez moi; pouvait-elle passer luncher?

Je suis allé chercher Maggie avec la voiture de Tina et nous nous sommes rendus à l'hôpital par cet après-midi lumineux, nous avons stationné la voiture, marché trois milles de corridors, parlé à quelqu'un au comptoir des urgences; des portes se sont ouvertes en glissant; nous sommes passés près d'un noyau d'infirmières qui rigolaient, de médecins ordinaires, d'ambulanciers en uniformes bleus, avons tourné à gauche, puis à droite, jusqu'au lit numéro 24. Il était là. Plus blanc que la mort. Ses yeux comme des billes, ses lèvres noircies et encroûtées, ses ongles crasseux. Un moniteur cardiaque faisait bip-bip au-dessus de sa tête.

Sa mère l'a embrassé tendrement sur le front. Je le fixais froidement. J'ai regardé le moniteur cardiaque. J'ai dit: «Qu'est-ce que les médecins ont dit?» Je ne pouvais pas le toucher.

— Ils ont dit que mon cœur allait super vite mais que c'était pas une crise cardiaque.

— Ils ont dit que c'était pas une crise cardiaque?

— Ils pensent pas.

— Ils *pensent* pas?

Sa mère m'a jeté un regard plein de reproches. J'ai mis ma main sur sa jambe. J'ai dit : «C'est bien que t'aies appelé une ambulance.» J'ai presque dit (mais je me suis arrêté) : «J'espère que j'aurai pas à payer pour.»

Puis il a commencé à pleurer; il a levé les yeux vers le plafond blanc au-dessus de lui, les larmes courant sur ses joues. «Elle a gagné», a-t-il dit.

— Qui?

— Chloë. Elle a gagné. Elle est là-bas quelque part avec son ex, à avoir du fun puis moi je suis dans cet hôpital de cul. Elle a gagné.

Je sentais que mon cœur était coincé entre une paire de doigts puissants. J'ai pensé que j'allais m'évanouir. Je me suis assis. «C'est long, une vie, Jesse. On sait jamais qui va remporter le round.»

— Qu'est-ce qui s'est passé? a-t-il dit en sanglotant. Qu'est-ce qui s'est passé?

Je sentais que ma poitrine se mettait à trembler. J'ai pensé : Mon Dieu, fais qu'il arrête de pleurer.

— Elle a appelé ce gars-là puis elle l'a baisé, a-t-il dit en me regardant avec une telle douleur que j'ai dû détourner le regard.

J'ai dit : «Je sais que les choses ont l'air un peu sinistres.»

— Oui! Oui, les choses ont l'air sinistres, a-t-il crié. Je peux même pas dormir ou fermer les yeux. Je peux pas me sortir toutes ces images de la tête.

J'ai pensé : Il va en mourir.

J'ai dit : «C'est beaucoup à cause de la cocaïne que les choses ont l'air si horribles. Ça t'enlève toutes tes défenses. Les choses ont l'air pires qu'elles sont.» Des mots si inutiles, des mots si méprisables, détestables, inefficaces. Comme des pétales de fleur jetés devant un bulldozer.

«Vraiment?» a-t-il dit, et ce ton curieux, comme un homme qui tend la main vers un gilet de sauvetage, m'a poussé vers lui. J'ai parlé pendant quinze minutes; les yeux de sa mère n'ont jamais quitté son visage; j'ai parlé, et parlé et parlé et parlé, dit tout ce qui me passait par la tête; j'avais l'impression de tâtonner dans une pièce sombre, mes doigts cherchant ici et là, dans cette poche, dans ce tiroir, sous cette pièce de tissu, là-bas près de la lampe, cherchant au toucher la combinaison de mots qui puisse faire rejaillir ce «Vraiment?» et le soulagement qui était venu avec.

— Tu peux te remettre de cette fille-là, mais tu peux pas le faire avec de la cocaïne.

— Je le sais.

Ils venaient juste d'arriver au studio pour répéter, a-t-il raconté. Toute la journée il avait eu l'impression que Jack savait une chose qu'il lui cachait. Peut-être que Chloë le trompait depuis le début, que Morgan était super bon au… en tout cas.

Alors il lui a demandé: «Est-ce qu'il y a quelque chose que tu sais puis que tu me dis pas?»

Et Jack, dont la copine connaissait vaguement Chloë, a dit non. Jesse l'a poussé encore davantage. Non, il n'y avait rien de nouveau, rien d'autre que ce qu'il lui avait déjà dit cinq fois: qu'elle avait appelé Morgan, qu'il avait pris le bus jusqu'à London, qu'ils avaient passé la soirée dans l'appart à écouter de la musique «super cool». Puis après elle l'avait baisé. C'était toute l'histoire, sincèrement, il n'en savait pas plus.

Et puis quelqu'un a sorti la cocaïne. Sept heures plus tard, tout le monde était endormi sauf Jesse qui était à quatre pattes, le nez dans les fibres du tapis à chercher de la coke qui serait tombée de la table. Puis son bras s'est engourdi; il est sorti dehors, dans le soleil éblouissant, il a trouvé un bar qui était ouvert, demandé à appeler une ambulance; le barman a dit: «On fait pas ce genre de choses ici.»

Il a donc trouvé un téléphone payant – il était maintenant midi, la vie filait à toute allure, effrayante, et il a appelé le 911. Il s'est assis sur le bord du trottoir et a attendu, l'ambulance est arrivée, ils l'ont mis à l'arrière. Il regardait par la fenêtre de derrière tandis qu'on l'emmenait à l'hôpital; il voyait les rues ensoleillées s'éloigner derrière lui; une infirmière lui a demandé ce qu'il avait pris, le numéro de téléphone de ses parents; il a refusé de répondre.

— Et puis j'ai laissé tomber, j'ai laissé tomber et je leur ai tout raconté.

Pendant un moment personne n'a rien dit; nous étions assis là à regarder notre fils pâle, la main sur le visage.

«C'était la seule chose que je lui ai demandé de pas faire. La seule chose. Pourquoi est-ce qu'elle est allée faire ça?» On voyait comme tout ceci se jouait sur ses traits enfantins: *Elle fait ça à lui, il fait ça à elle.*

— C'est merdique ce qu'elle a fait, ai-je dit.

Le médecin est entré, un jeune Italien, moustache et barbichette, très solide. J'ai dit à Jesse: «Peux-tu être honnête avec le médecin si on est ici?»

«C'est important, ça, être honnête», a dit le médecin, comme si quelqu'un venait de faire une bonne blague.

Jesse a dit oui. Le médecin a posé des questions, écouté son cœur et son dos. «Ton corps aime pas la coke», a-t-il dit avec un sourire. «Il aime pas la cigarette non plus.» Il s'est redressé.

«T'as pas eu une crise cardiaque», a-t-il dit. Il a expliqué une chose que je n'ai pas comprise, faisant un poing avec sa main pour montrer un cœur qui s'arrête. «Mais laisse-moi te dire une chose. À chaque fois que quelqu'un de ton âge en fait une, c'est toujours à cause de la coke. Toujours.»

Le médecin est parti. Trois heures plus tard nous sommes partis aussi; j'ai laissé sa mère au métro et ramené Jesse chez moi. Comme je garais la voiture dans l'entrée, il a éclaté en sanglots encore une fois. «Je m'ennuie tellement de cette fille. Tellement.»

Puis je me suis mis à pleurer aussi. J'ai dit : «Je ferais n'importe quoi pour t'aider. N'importe quoi.»

Nous étions là tous les deux, assis, à pleurer.

15

Et puis un miracle (mais pas une surprise) est survenu. Chloë, pourtant sur sa spirale ascendante de carriérisme, a semblé avoir des regrets. Selon la rumeur, elle s'était dépêtrée de Morgan. Des éclaireurs avaient été envoyés. Sa meilleure amie a « croisé par hasard » Jesse dans une fête et lui a dit que Chloë « s'ennuyait vraiment beaucoup » de lui.

Son visage, m'a-t-il semblé, a repris des couleurs ; il y avait même une différence dans sa démarche, un élan qu'il n'arrivait pas à cacher. Il m'a fait écouter une autre chanson, puis une autre ; Corrupted Nostalgia semblait être, comme on dit dans le milieu, « en feu ». Ils ont joué dans un bar sur Queen Street. Je demeurais banni.

Je sentais que son intérêt pour les « Trésors enfouis » baissait alors j'ai regardé plus loin. Quelque chose autour de l'écriture, puisqu'il semblait pencher dans cette direction maintenant. Mais oui, c'était évident, comme le proverbial nez au milieu de la figure : nous allions nous envoyer une série de films qui avaient été excessivement bien écrits. Nous commencerions par *Manhattan* (1979) de Woody Allen. Un coup d'œil sur

Pulp Fiction (1994), pour bien marquer la différence entre une écriture distrayante et une écriture vraie. *Pulp Fiction*, aussi incroyablement amusant qu'il soit, aussi pimpants et brillants que soient les dialogues, ne comporte pas un seul moment vrai, humain. Je me suis dit que j'allais lui raconter l'histoire de Tchekhov qui, assistant à une représentation de la pièce d'Ibsen, *Une maison de poupée*, s'était tourné vers un ami et lui avait chuchoté : « Mais écoute, Ibsen n'est pas un dramaturge... Ibsen ne sait rien de la vie. Ce n'est tout simplement pas comme ça que ça se passe, dans la vie. »

Alors pourquoi ne pas lui montrer *Vanya on 42nd Street* de Louis Malle ? Il était trop jeune pour Tchekhov – ça pourrait l'ennuyer, oui –, mais je devinais qu'il allait adorer le Vanya de Wally Shawn, plaignard, geignard, amoureux fou, surtout quand il peste contre le professeur Serybryakov. « On peut pas tous être en train de parler et d'écrire et de vomir du travail comme le ferait de la machinerie agricole ! »

Oui, Jesse aimerait Vanya. « Belle journée pour se suicider ! »

Puis, pour dessert, en quelque sorte, je lui montrerais *To Have and Have Not* (1944), qui jouit d'excellentes références : tiré d'un roman de Hemingway (alors devenu zinzin, s'envoyant des martinis et gobant des pilules et divaguant sur papier à quatre heures du matin) ; scénario de William Faulkner, amateur de lolitas ; avec cette merveilleuse scène entre Bogart et Bacall à l'étage d'un hôtel sur la côte où elle s'offre à lui avec ce monologue : « T'as pas besoin de faire quoi que ce soit ou dire quoi que ce soit ; à part peut-être siffler. Tu sais siffler, quand même, hein, Steve ? T'as qu'à rapprocher tes lèvres l'une de l'autre et souffler. » Une écriture jubilatoire de première catégorie.

À ce sujet, lui montrer *Glengarry Glen Ross* (1992) de David Mamet (encore un qui jubile). Dans un bureau, des agents immobiliers de troisième zone, des losers finis, se font fouetter verbalement par un « motivateur ». « Dé-po-sez ce café tout de suite », dit Alec Baldwin à un Jack Lemmon estomaqué. « Le café, c'est pour ceux qui concluent. »

C'est ce que j'avais prévu. Et puis ensuite on s'enfilerait encore quelques films noirs, *Pickup on South Street* (1953)... C'est ce qui nous attendait.

Les vacances de Noël sont arrivées ; le soir, Jesse et moi dehors, la neige tombant doucement. Des spots dansaient dans le ciel à la recherche de Dieu sait quoi, célébrant Dieu sait quoi. Il n'avait pas vu et n'avait pas parlé à Chloë Stanton-McCabe, pas de coups de fil, pas de courriels, mais un jour ou l'autre elle allait rentrer pour passer la semaine avec ses parents. Il y aurait une fête. Il la verrait.

— J'ai peur qu'elle le refasse.

— C'est-à-dire ?

— Qu'elle reparte avec un autre gars.

J'avais appris la leçon et je ne voulais pas lui faire de folles prédictions, du genre « Fais-moi confiance là-dessus » (je ne l'avais d'ailleurs pas vue venir, cette affaire avec Morgan).

— Tu sais ce qu'a dit Tolstoï ?

— Non.

— Il dit qu'une femme ne peut jamais nous blesser deux fois de la même manière.

Une voiture s'est engagée dans le mauvais sens sur notre rue à sens unique; nous l'avons regardée. «Penses-tu que c'est vrai?»

J'y ai réfléchi sérieusement. (Il se souvient de tout. Fais attention à ce que tu promets.) J'ai parcouru rapidement ma liste personnelle des amours disparues (étonnamment longue). C'était vrai, oui, qu'aucune ne m'avait blessé autant la deuxième fois qu'elle m'avait quitté. Mais ce dont j'ai aussi pris conscience c'est que, la plupart des fois, sinon toutes les fois, je n'avais pas eu la «chance» d'être blessé une deuxième fois. Quand mes amantes malheureuses prenaient leurs jambes à leur cou, c'était pour ne plus revenir.

— Oui, ai-je dit après un moment. Je crois que c'est vrai.

Quelques soirs plus tard, un peu avant Noël, je me débattais avec le sapin, les lumières clignotaient, certaines fonctionnaient, d'autres non, un puzzle insoluble que seule ma femme allait pouvoir élucider, quand j'ai entendu l'habituel fracas dans l'escalier. Une solide odeur de déodorant (appliqué à la pompe à vélo) s'est infiltrée dans la pièce, et le jeune prince a disparu dans le froid, à la rencontre de sa destinée.

Il n'est pas rentré ce soir-là; il y avait un message sur la boîte vocale le lendemain matin, le ton était masculin, adulte; un tapis de neige fraîche recouvrait le gazon, le soleil avait déjà amorcé sa course dans le ciel. Un peu plus tard dans l'après-midi il est rentré, les détails de sa soirée heureusement brefs mais révélateurs. Il était bel et bien allé à la fête, avait fait son arrivée en retard avec un certain nombre de gars, un régiment de casquettes de baseball et de t-shirts trop grands et de chandails à capuchon; et elle était là, dans le salon enfumé, la musique à tue-tête. Ils ne parlaient pas depuis longtemps quand elle lui a murmuré : « Si t'arrêtes pas de me regarder comme ça, je vais être obligée de t'embrasser. » (Mon Dieu, où ils apprennent ça ? Ils sont tous chez eux à lire du Tolstoï avant de se rendre dans ces partys ?)

Après ça il a été vague (ce qui était bien ainsi). Ils étaient restés à la fête ; soudain, il n'y avait plus de hâte, pour lui comme pour elle ; étrange mais vrai, comme si les derniers mois avaient été vaguement irréels, n'avaient pas vraiment eu lieu. (Ils avaient pourtant bel et bien eu lieu et il y aurait assez à dire à ce sujet plus tard.) Pour le moment, c'était comme se laisser rouler le long d'une colline sur une bicyclette sans freins ; impossible de stopper l'élan.

Quand je pense au ciné-club, je vois bien maintenant que c'est ce soir-là qu'il a commencé à s'éteindre. Il a ouvert un nouveau chapitre dans la vie de Jesse. Je ne pouvais pas le comprendre à ce moment-là ; à l'époque, tout était comme d'habitude, comme si, maintenant que c'est passé, on peut se remettre au travail. Erreur.

Et pourtant, même en écrivant ces mots, je suis prudent. Je me souviens de ma dernière entrevue avec David Cronenberg au cours de laquelle j'ai fait l'observation un peu lugubre qu'élever des enfants était une série d'adieux, l'un après l'autre, adieu aux couches puis aux habits de neige et puis finalement à l'enfant lui-même. « Ils passent leurs jeunes vies à nous laisser », disais-je quand Cronenberg, qui a lui-même des enfants adultes, m'a interrompu. « Oui, mais est-ce qu'ils nous quittent jamais vraiment ? »

Quelques soirs plus tard, l'impensable s'est produit. Jesse m'a invité à aller le voir en spectacle. Il jouait dans ce bar au coin de la rue où les Rolling Stones avaient déjà joué, d'où l'ex-femme de notre premier ministre avait ramené l'un des guitaristes chez elle, il me semble. L'endroit d'où Jesse m'avait chassé l'année précédente. Un lieu historique, à plus d'un titre.

On m'avait dit d'être à la porte quelques minutes avant une heure du matin et de bien me comporter, ce qui voulait dire pas de gestes d'affection gênants, rien qui puisse ternir son aura de danger et son numéro d'hétérosexuel dur à cuire qui sait ce que c'est que «la rue». J'ai accepté de bon gré. Tina n'était pas invitée; deux adultes adorateurs aux yeux embués, c'était trop. Elle aussi a accepté avec joie. C'est une femme mince avec peu de gras sur les os, et l'idée de sortir dans le froid, de risquer d'attendre en ligne pendant quarante-cinq minutes aux petites heures du matin alors que des rafales de vent montaient du lac Ontario, fouettaient l'air et s'engouffraient dans les rues, cette idée la soulageait de la curiosité la plus pressante.

Donc vers minuit et demi ce soir-là, je me suis aventuré dehors sur les trottoirs glacés et me suis glissé dans le parc. J'ai traversé le Chinatown désert, des chats grignotant des choses innommables dans le noir. J'ai tourné le coin pendant que le vent me poussait dans le dos et puis je suis arrivé à la porte du El Mocambo. Un groupe de jeunes hommes, les mêmes que la dernière fois, me semblait-il, étaient là à fumer des cigarettes, à sacrer et à rire, des nuages d'haleines glacées suspendus dans l'air comme des bulles de bande dessinée devant leurs visages. Et il était là. Il s'est précipité vers moi.

— Tu peux pas rentrer, p'pa, a-t-il dit, en panique totale.

— Pourquoi pas ?

— Ç'a pas l'air beau là-dedans.

— Qu'est-ce que tu me racontes là ?

— Y a presque personne ; ils ont laissé l'autre groupe jouer trop longtemps ; on a perdu du public.

C'était assez pour moi. J'ai dit : « Tu m'as fait sortir de la chaleur de mon lit en pleine nuit glacée, j'ai sauté dans mes vêtements et je me suis traîné jusqu'ici, il est une heure du matin, ça fait des jours que j'attends ce moment-là, et maintenant tu me dis que je peux pas entrer ? »

Quelques minutes plus tard il me conduisait en haut de l'escalier, près du téléphone public où il m'avait déjà surpris. (Comme le temps passe vite.) Je suis entré dans une petite salle au plafond bas, très sombre, avec une petite scène carrée d'un côté. Des filles maigres étaient assises sur des chaises à côté de la scène. Balançaient leurs jambes et fumaient des cigarettes.

Il n'avait pas à s'inquiéter ; dans les dix minutes suivantes, la porte s'est remplie de gros Blacks avec des filets à cheveux et de longues filles aux yeux maquillés de noir (elles avaient l'air de ratons laveurs épeurants). Et Chloë. Chloë avec son diamant dans le nez et ses longs cheveux blonds. (Il avait raison : elle avait vraiment l'air d'une vedette de cinéma.) Elle m'a salué avec les pimpantes bonnes manières d'une petite fille qui va à l'école privée et qui croise son directeur pendant les vacances d'été.

Je me suis assis dans le coin opposé parmi des cubes noirs géants (je n'ai jamais su ce que c'était, des haut-parleurs abandonnés, des caisses de rangement – peu importe). C'était un coin si sombre que je pouvais à peine distinguer les traits des deux filles à côté de moi.

Même si je pouvais sentir leurs parfums et entendre leurs joyeux échanges parsemés d'obscénités.

Jesse m'a laissé là en me faisant comprendre en silence de ne pas bouger. Il avait des «affaires à régler», disait-il, avant de commencer.

Assis dans le noir, mon cœur palpitant avec une angoisse insupportable, j'ai attendu. Et attendu. D'autres jeunes sont arrivés, la salle se réchauffait; et finalement un jeune homme est monté sur la scène (Est-ce que c'était là que Mick Jagger s'était tenu?) et a invité le public à «se réveiller» et à donner une bonne main d'applaudissement pour Corrupted Nostalgia!

Corrupted Nostalgia, rien de moins. Et ils sont sortis, deux garçons efflanqués, Jesse et Jack; l'intro de *Angels* a commencé, Jesse a porté le micro à ses lèvres et ses couplets ont résonné, amers et cinglants – le hurlement de Tristan contre Iseult; Chloë se tenait au milieu de la foule, la tête tournée légèrement de côté comme pour se protéger du violent torrent de mots.

Pour Jesse et moi, toutes sortes de choses se dessinaient à l'horizon: quelques mois plus tard, il faisait un vidéoclip pour *Angels*; Chloë y jouait «la fille» (la comédienne qui avait été embauchée s'était tapé une orgie de coke et ne s'était pas présentée). Il y a eu d'autres soupers au Paradis, d'autres cigarettes sur la véranda avec Tina (j'entends le murmure conspirateur de leurs voix au moment d'écrire ces lignes), d'autres films, mais au cinéma, maintenant, tous deux assis du côté gauche de l'allée, dans la neuvième ou dixième rangée, «notre spot». Il y a eu des brouilles avec Chloë, des coups de semonce et des rabibochages opératiques; il y a eu des gueules de bois et des épisodes d'agissements douteux, un soudain goût pour la littérature culinaire, un stage épineux avec un chef japonais et une leçon d'humilité sous la forme d'une «invasion» britannique de la scène musicale («Ils ont des rappeurs, là-bas, p'pa»).

Il y a encore eu des bons vœux d'anniversaire suspects de (qui d'autre?) Rebecca Ng, qui en était à sa deuxième année en droit.

Puis un jour – c'est sorti de nulle part –, Jesse a dit: «Je veux retourner à l'école.» Il s'est inscrit à un cours intensif de trois mois, maths, sciences, histoire, toutes les horreurs qui l'avaient fait échouer des années auparavant. Je ne pensais pas qu'il allait le supporter, toutes ces heures, des heures et des heures, assis sur son cul dans une classe. Tous ces devoirs. Mais j'avais tort, encore une fois.

Sa mère, l'ancienne prof de secondaire des Prairies, l'épaulait dans sa maison de Greektown. Ça n'allait pas rondement, surtout en maths. Parfois il se levait de la table de la cuisine, tremblant de rage et de frustration, et sortait faire le tour du bloc comme un forcené.

Il a commencé à dormir là-bas – ça rendait les choses plus faciles le matin, expliquait-il, «pour s'y atteler dès que possible». Puis il a cessé de revenir chez moi pour de bon.

Le soir avant son examen final il m'a appelé. «Peu importe comment ça se passe, je veux que tu saches que j'ai vraiment essayé.»

Quelques semaines plus tard, une enveloppe blanche a atterri dans ma boîte aux lettres; je pouvais à peine regarder tandis qu'il grimpait les marches de la véranda, prenait l'enveloppe et l'ouvrait, les mains tremblantes, sa tête allant de gauche à droite en lisant les lignes.

— J'ai réussi, il a crié, sans lever la tête. J'ai ré-u-ssi!

Il n'est jamais revenu vivre chez moi. Il est resté chez sa mère puis il s'est pris un appartement avec un ami qu'il avait rencontré à l'école. Il y a eu un problème avec une fille, je crois, mais ils l'ont réglé. Ou pas. Je ne me souviens plus.

Nous n'avons jamais pu commencer le module «Leçon d'écriture». Nous avons simplement manqué de temps. Ce n'est pas grave, j'imagine; il y aurait toujours quelque chose que nous n'aurions pas eu le temps de voir.

Il en avait eu assez du ciné-club et, en un sens, assez de moi, assez d'être l'enfant de son père. Je l'avais senti venir, au fil des ans, par étapes, et puis soudain, c'était là. C'est à en friser des dents.

Certains soirs je passe devant sa chambre au troisième étage; j'entre et je m'assois au bord du lit; ça m'apparaît irréel qu'il soit parti, et dans les premiers mois j'étais troublé quand je passais devant la porte. Il a laissé, je le remarque, *Chungking Express* dans sa table de chevet; il n'en a plus besoin maintenant, il en a tiré ce qu'il voulait et l'a laissé derrière lui comme un serpent laisse sa peau.

Assis sur le lit, je prends conscience qu'il ne reviendra jamais plus sous la même forme. Un visiteur, dorénavant. Mais quel cadeau étrange, miraculeux, inattendu, que ces trois années dans la vie d'un jeune homme à une époque où il aurait pu, normalement, fermer la porte sur ses parents.

Et comme j'avais été chanceux (même si je ne le voyais certainement pas ainsi à l'époque) d'être sans travail, d'avoir beaucoup de temps à moi. Des journées et des soirées et des après-midi. Du temps.

Je rêve encore à un module «Films surestimés»; j'ai une folle envie de parler de *The Searchers* (1956) et des éloges ahurissants et des analyses intellos qu'il a suscités; ou de l'affectation perverse de Gene Kelly dans *Singin' in the Rain* (1952). Nous aurons encore du temps, Jesse et moi, mais plus de cette manière, plus de ce temps monotone, parfois ennuyant, qui est la vraie signature de ce que c'est que de vivre avec quelqu'un, un temps que l'on croit éternel et qui, un jour, tout simplement, s'arrête.

Encore bien d'autres choses allaient arriver: ses premiers jours à l'université, sa joie indicible devant une carte d'étudiant avec son nom et sa face dessus, sa première dissertation («Le rôle des narrateurs multiples dans *The Heart of Darkness* de Joseph Conrad»), sa première bière après les cours avec un ami de l'université.

Mais pour le moment, il n'y avait qu'un grand garçon sur la scène d'un vieux bar du centre-ville, un micro à la main, son père caché dans l'assistance. Assis dans le noir avec ces filles aux yeux de ratons laveurs en manteaux de ski, j'avoue que j'ai eu un petit sanglot en secret. Je ne sais pas vraiment pourquoi je pleurais – je le pleurais lui, je suppose, je pleurais «l'idée» de lui, la nature irréversible du temps; et pendant ce temps, ces mots de *True Romance* se répétaient encore et encore dans ma tête: «T'es trop cool, t'es trop cool, t'es trop cool!»

REMERCIEMENTS

ÉCRIRE UN LIVRE sur les membres de sa famille, surtout quand on les adore, est une expérience éprouvante que je ne recommencerai pas de sitôt. C'est pourquoi mes premiers remerciements doivent aller à mon fils, Jesse, qui m'a fait une confiance aveugle dans l'écriture et la publication de son portrait. Je remercie aussi sa mère, Maggie Huculak, pour plus de choses que je ne saurais énumérer ici. Je veux aussi souligner le fait que même si ma fille, Maggie Gilmour (grande, maintenant, et vivant à Chicago), n'apparaît pas dans cette histoire, elle occupe une place immense et incontournable dans ma vie. Je dois à sa mère, Anne Mackenzie, des remerciements – et probablement de l'argent – remontant à il y a près de quarante ans.

J'ai dédié ce livre à mon éditeur, Patrick Crean, qui a sauvé ma carrière littéraire ; je remercie aussi mon agent, Sam Hiyate, qui m'a témoigné beaucoup d'intérêt et d'enthousiasme à un moment dans ma vie où mon téléphone était apparemment débranché. Je remercie Jonathan Karp, Nate Gray et Cary Goldstein chez *Twelve*, Marni Jackson pour le papier sur Tolstoï et les garçons et les filles chez Queen Video pour leur patience et leur débrouillardise à la moindre location 24 heures. Comme toujours, je dois remercier le personnel du restaurant Le Paradis, où des passages de ce livre ont été écrits.

Et bien sûr, sans l'amour et le réconfort insistant de ma femme Tina Gladstone, je ne sais pas ce qu'il serait advenu de ce livre – ni de son auteur, d'ailleurs.

LISTE DES FILMS MENTIONNÉS

52 Pick-Up (*Paiement cash*), John Frankenheimer, 1986.
8½, Federico Fellini, 1963.
Absolute Power (*Pouvoir d'exécuter*), Clint Eastwood, 1997.
Aguirre, la colère de Dieu, Werner Herzog, 1972.
Alien (*L'étranger : le huitième passager*), Ridley Scott, 1979.
American Graffiti, George Lucas, 1973.
Annie Hall, Woody Allen, 1977.
Another Woman (*Une autre femme*), Woody Allen, 1988.
Apocalypse Now, Francis Ford Coppola, 1979.
Around the World in 80 Days (*Le tour du monde en 80 jours*), Michael Anderson, 1956.
Basic Instinct, Paul Verhoeven, 1992.
Beetlejuice (*Bételgeuse*), Tim Burton, 1988.
The Big Sleep (*Le grand sommeil*), Howard Hawks, 1946.
The Birds (*Les oiseaux*), Alfred Hitchcock, 1963.
Blue Velvet, David Lynch, 1986.
Breakfast at Tiffany's (*Diamants sur canapé*), Blake Edwards, 1961.
Bullitt, Peter Yates, 1968.
Butch Cassidy and the Sundance Kid (*Butch Cassidy et le Kid*), George Roy Hill, 1969.
Carlito's Way (*À la manière de Carlito*), Brian De Palma, 1993.
Casablanca, Michael Curtiz, 1942.

Charade, Stanley Donen, 1963.

Chinatown, Roman Polanski, 1974.

Chungking Express, Wong Kar Wai, 1994.

Citizen Kane, Orson Welles, 1941.

Crimes and Misdemeanors (*Crimes et délits*), Woody Allen, 1989.

Dead Zone (*La zone neutre*), David Cronenberg, 1983.

Le dernier tango à Paris, Bernardo Bertolucci, 1972.

Dirty Harry (*L'inspecteur Harry*), Don Siegel, 1971.

Dr. No (*James Bond 007 contre docteur No*), Terence Young, 1962.

Dr. Strangelove (*Docteur Folamour*), Stanley Kubrick, 1964.

La Dolce Vita, Federico Fellini, 1960.

Duel, Steven Spielberg, 1971.

The Exorcist (*L'exorciste*), William Friedkin, 1973.

Fast Times at Ridgemont High (*Ça chauffe au lycée Ridgemont*), Amy Heckerling, 1982.

A Fistful of Dollars (*Pour une poignée de dollars*), Sergio Leone, 1964.

Un flic, Jean-Pierre Melville, 1972.

The French Connection, William Friedkin, 1971.

The Friends of Eddie Coyle (*Les amis d'Eddie Coyle*), Peter Yates, 1973.

Full Metal Jacket, Stanley Kubrick, 1987.

Get Shorty (*C'est le petit qu'il nous faut*), Barry Sonnenfeld, 1995.

Giant (*Géant*), George Stevens, 1956.

Glengarry Glen Ross, James Foley, 1992.

The Godfather (*Le parrain*), Francis Ford Coppola, 1972.

The Godfather Part II (*Le parrain II*), Francis Ford Coppola, 1974.

Hannah and Her Sisters (*Hannah et ses sœurs*), Woody Allen, 1986.

A Hard Day's Night (*Quatre garçons dans le vent*), Richard Lester, 1964.

High Noon (*Le train sifflera trois fois*), Fred Zinnemann, 1952.

Hombre, Martin Ritt, 1967.

Internal Affairs (*Affaires privées*), Mike Figgis, 1990.

Ishtar, Elaine May, 1987.

It's a Wonderful Life (*La vie est belle*), Frank Capra, 1946.

Jackie Brown, Quentin Tarantino, 1997.

Jaws (*Les dents de la mer*), Steven Spielberg, 1975.

Jungle Fever, Spike Lee, 1991.

Klute, Alan J. Pakula, 1971.

The Last Detail (*La dernière corvée*), Hal Ashby, 1973.

The Late Show (*Le chat connaît l'assassin*), Robert Benton, 1977.

Léon (*Le professionnel*), Luc Besson, 1994.

Lolita, Adrian Lyne, 1997.

Lolita, Stanley Kubrick, 1962.

Magnum Force (*À coup de magnum*), Ted Post, 1973.

Manhattan, Woody Allen, 1979.

Mean Streets, Martin Scorsese, 1973.

Miami Vice (*Deux flics à Miami*), série télévisée diffusée de 1984 à 1989.

Mr. Majestyk, Richard Fleischer, 1974.

Mommie Dearest (*Maman très chère*), Frank Perry, 1981.

Night Moves (*La fugue*), Arthur Penn, 1975.

Night of the Hunter (*La nuit du chasseur*), Charles Laughton, 1955.

The Night of the Iguana (*La nuit de l'iguane*), John Huston, 1964.

Nikita, Luc Besson, 1990.

North by Northwest (*La mort aux trousses*), Alfred Hitchcock, 1959.

Notorious (*Les enchaînés*), Alfred Hitchcock, 1946.

Onibaba (*La femme diabolique*), Kaneto Shindô, 1964.

On the Waterfront (*Sur les quais*), Elia Kazan, 1954.

Out of Sight (*Loin des regards*), Steven Soderbergh, 1998.

Pickup on South Street (*Le port de la drogue*), Samuel Fuller, 1953.

Plan 9 from Outer Space, Edward D. Wood Jr., 1959.

Plenty, Fred Schepisi, 1985.

Poltergeist, Tobe Hooper, 1982.

Pretty Woman (*Une jolie femme*), Garry Marshall, 1990.

Psycho (*Psychose*), Alfred Hitchcock, 1960.

Pulp Fiction (*Fiction pulpeuse*), Quentin Tarantino, 1994.

Les quatre cents coups, François Truffaut, 1959.

Quiz Show, Robert Redford, 1994.

Ran, Akira Kurosawa, 1985.

Reservoir Dogs, Quentin Tarantino, 1992.

RoboCop, Paul Verhoeven, 1987.

Rocky III, Sylvester Stallone, 1982.

Roman Holiday (*Vacances romaines*), William Wyler, 1953.

Rosemary's Baby (*Le bébé de Rosemary*), Roman Polanski, 1968.

Le samouraï, Jean-Pierre Melville 1967.

Scanners, David Cronenberg, 1981.

Scarface (*Le balafré*), Brian De Palma, 1983.

The Searchers (*La prisonnière du désert*), John Ford, 1956.

Sexy Beast, Jonathan Glazer, 2000.

The Shining (*L'enfant lumière*), Stanley Kubrick, 1980.

Shivers (*Frissons*), David Cronenberg, 1975.

Showgirls (*Les girls de Las Vegas*), Paul Verhoeven, 1995.

Singin' in the Rain (*Chantons sous la pluie*), Stanley Donen et Gene Kelly, 1952.

Some Like It Hot (*Certains l'aiment chaud*), Billy Wilder, 1959.

Le souffle au cœur, Louis Malle, 1971.

Stardust Memories, Woody Allen, 1980.

The Stepfather (*Le beau-père*), Joseph Ruben, 1987.

Stick (*Stick, le justicier de Miami*), Burt Reynolds, 1985.

A Streetcar Named Desire (*Un tramway nommé désir*), Elia Kazan, 1951.

Swimming with Sharks, George Huang, 1994.

The Texas Chain Saw Massacre (*Massacre à la tronçonneuse*), Tobe Hooper, 1974.

Thief (*Le solitaire*), Michael Mann, 1981.

The Third Man (*Le troisième homme*), Carol Reed, 1949.

To Have and Have Not (*Le port de l'angoisse*), Howard Hawks, 1944.

Tootsie, Sidney Pollack, 1982.

True Romance, Tony Scott, 1993.

Under Siege (*Cuirassé en péril*), Andrew Davis, 1992.

Unforgiven (*Impardonnable*), Clint Eastwood, 1992.

Vanya on 42nd Street (*Vanya, 42ᵉ rue*), Louis Malle, 1994.

Volcano : An Inquiry into the Life and Death of Malcolm Lowry, Donald Brittain et John Kramer, 1976.

Le voleur de bicyclette, Vittorio de Sica, 1948.

The Waltons (*La famille des collines*), série télévisée diffusée de 1972 à 1981.

Who's Afraid of Virginia Woolf? (*Qui a peur de Virginia Woolf?*), Mike Nichols, 1966.

Les auteurs publiés dans la collection

GAUTHIER, Louis
GÉRIN-LAJOIE, Antoine
GILMOUR, David
GIRARD, Rodolphe
GIROUX, André
GODIN, Jean Cléo
GRANDBOIS, Alain
GRAVEL, François
GRAVELINE, Pierre
GRISÉ, Yolande
GROULX, Lionel
GUÈVREMONT, Germaine
HAEFFELY, Claude
HARVEY, Pauline
HÉBERT, Anne
HÉMON, Louis
HOUDE, Nicole
JACOB, Suzanne
JASMIN, Claude
KATTAN, Naïm
LACOMBE, Patrice
LACOMBE, Rina
LATIF-GHATTAS, Mona
LEBLANC, Bertrand B.
LECLERC, Félix
LE MAY, Pamphile
LORANGER, Jean-Aubert
LORD, Michel
MACLENNAN, Hugh
MAILHOT, Laurent
MAILLET, Antonine
MARCEL, Jean
MARCOTTE, Gilles
MARIE-VICTORIN, Frère
MARTIN, Claire
MASSOUTRE, Guylaine
McLUHAN, Marshall
MIRON, Gaston

MONTPETIT, Édouard
NELLIGAN, Émile
NEVERS, Edmond de
NOËL, Francine
OUELLETTE, Fernand
OUELLETTE-MICHALSKA,
Madeleine
PÉAN, Stanley
PETITJEAN, Léon
PHELPS, Anthony
POLIQUIN, Daniel
PORTAL, Louise
POULIN, Jacques
POUPART, Jean-Marie
PROVOST, Marie
RICHARD, Jean-Jules
RICHLER, Mordecai
ROLLIN, Henri
ROYER, Jean
SAGARD, Gabriel
SAINT-MARTIN, Fernande
SAVARD, Félix-Antoine
SCOTT, Frank
SHEPPÂRD, Gordon
SHIELDS, Carol
T., Jacques
TARDIVEL, Jules-Paul
THÉRIAULT, Yves
TREMBLAY, Lise
TREMBLAY, Michel
TRUDEL, Marcel
TURCOTTE, Élise
TURGEON, Pierre
VADEBONCŒUR, Pierre
VIGNEAULT, Gilles
WRIGHT, Ronald
WYCZYNSKI, Paul
YANACOPOULO, Andrée